Bâtir
un système intégré
Qualité/Sécurité/Environnement

De la qualité au QSE

Éditions d'Organisation
Groupe Eyrolles
61, bd Saint-Germain
75240 Paris cedex 05

www.editions-organisation.com
www.editions-eyrolles.com

Florence GILLET-GOINARD

Bâtir
un système intégré
Qualité/Sécurité/Environnement

De la qualité au QSE

Éditions
d'Organisation

Un grand merci à

Patrick BARBOTTE-DOMALAIN, Pierre-Jean CARRERAS, Laurent DESSELAS, Benoît POMMERET, Jean Robert MARIE et Bernard SENO

pour leur relecture attentive et leurs précieux conseils

Table des matières

CHAPITRE 4

Élargir concrètement son système qualité 117

ANNEXES

Introduction

Aujourd'hui, dans un contexte de mondialisation des marchés, et face à une technologie qui permet un accès immédiat des informations aux médias, les entreprises performantes ont choisi : elles veulent à la fois obtenir la préférence de leurs clients (en leur assurant la conformité de leurs produits et une qualité de service attractive) mais aussi leur garantir une éthique environnementale et sociale.

Prendre des risques oui ! Sûrement, mais pas en matière d'environnement et de santé du personnel. Le prix à payer serait trop fort. L'image de l'entreprise est trop fragile...

Ce livre est destiné aux directions et aux responsables qualité qui veulent donner une deuxième, voire une troisième dimension à leur système qualité !

C'est pourquoi après avoir fixé dans le premier chapitre les véritables enjeux d'un système intégré, nous étudierons l'essentiel du management de la sécurité au travail dans le chapitre 2, puis l'analyse environnementale initiale dans le chapitre 3. Après ces fondamentaux, nous analyserons dans le chapitre 4 comment faire évoluer concrètement son système qualité vers un système QSE. Enfin le chapitre 5 vous donnera les clés du pilotage d'un système intégré.

CHAPITRE 1

Un système intégré, quels enjeux ?

1. QU'EST-CE QU'UN SYSTÈME DE MANAGEMENT INTÉGRÉ QSE ?

Le système QSE

Un système de management qualité vise la satisfaction des clients de l'entreprise (ceux qui achètent et/ou qui utilisent les produits) grâce à la conformité des produits et à la maîtrise de ses processus. Engagées dans une logique de progrès continu, les sociétés qui ont mis en œuvre une démarche qualité améliorent en permanence leurs produits, services et activités.

Un système intégré va, au-delà de la fidélisation des clients, rechercher aussi la protection de l'environnement et la sécurité des personnes aux postes de travail.

Si donc un système de management qualité est un système de management qui, au sein d'une entreprise va déterminer et déployer une politique d'amélioration de la satisfaction de ses clients, un système intégré va formuler et mettre en œuvre une politique QSE, orienter l'entreprise dans une logique de maîtrise des risques d'amélioration de ses performances en matière d'environnement, de santé et de sécurité de son personnel.

Il y a donc une **évolution dans la notion de client**.

Dans le cadre d'une démarche qualité, le client est celui qui achète et/ou qui utilise le produit délivré par l'entreprise, dans le contexte d'un système de management intégré (que nous allons appeler « SMI »), la notion de client, de partie intéressée (groupe de personnes ayant un intérêt dans le fonctionnement ou le succès du SMI) va s'élargir pour englober l'environnement, le personnel au poste de travail, toute personne présente dans l'entreprise...

> **Un Système QSE :**
> Système permettant d'établir
> et de déployer des objectifs en matière de qualité, d'environnement
> et de santé/sécurité au travail.
> Ce système peut inclure 3 sous-parties distinctes : Q+S+E

La mise en œuvre d'un système QSE garantit la prise en compte de la dimension **environnementale et sociale** dans la recherche de la satisfaction client : il faut satisfaire le client mais pas à n'importe quel prix ! Il faut satisfaire le client, mais en répondant aux exigences de la réglementation, en respectant l'environnement et dans un souci permanent de santé et sécurité des personnes au travail.

Du QSE au système intégré

Ces trois objectifs QSE pourraient être déclinés indépendamment dans l'entreprise, avec 3 responsables travaillant chacun de leur côté :

➤ un responsable qualité,

➤ un responsable santé – sécurité et,

➤ un responsable environnement.

L'intégration va consister à rassembler les trois organisations Q + S + E en une seule QSE. Un système de management intégré va assembler 3 systèmes totalement compatibles pour un fonctionnement plus efficace.

Ce concept est une réponse naturelle aux besoins des entreprises qui ressentent la nécessité de prendre en compte dans leur mode de management la triple dimension qualité – sécurité – environnement et recherchent une approche **globale et cohérente.**

Le système de management de la qualité a été souvent le premier à être formalisé dans les entreprises, dès les années 1990, à partir du modèle de la norme ISO 9001. Cette mise en œuvre correspond à une volonté de la direction d'assurer la satisfaction des clients à tous les coups, au choix de ne plus subir la qualité mais de la construire à chaque étape de vie du produit (conception-production-livraison) et au sein de chaque processus clé de l'entreprise.

Depuis 10 ans, des événements médiatisés, une réglementation de plus en plus rigoureuse amènent les entreprises à prendre en compte de manière formelle la **sécurité des personnes et le respect de l'environnement.**

Ces dimensions sont désormais prises en compte par les directions sous l'impulsion (ou non) de leurs donneurs d'ordre (les aspects Sécurité et Environnement sont de plus en plus fréquents dans les cahiers des charges et les audits d'évaluations clients).

Deux cas se présentent alors :

➤ les entreprises qui ont mis en place des systèmes qualité, sécurité, environnement de manière indépendante ressentent le besoin de fusionner ces trois systèmes, très proches dans leurs principes (logique du PDCA : Plan-do-check-act), formalisation et structure.

➤ les entreprises qui ont déjà en place un système de management qualité et décident d'élargir ce concept à l'environnement et à la sécurité.

En tout cas quel que soit le point de départ, les entreprises dynamiques revendiquent haut et fort leur engagement QSE, leur responsabilité sociale et sociétale.

Les avantages de l'intégration sont multiples : un système intégré va garantir la prise en compte des aspects qualité-sécurité-environnement dans un souci de rentabilité et de cohérence.

Il s'agit :

➤ d'optimiser les ressources : une seule équipe d'auditeurs, par exemple, pour auditer en une seule fois le système intégré plutôt qu'au travers de 3 audits séparés,

➤ d'éviter les redondances notamment documentaires :

• pourquoi créer pour un poste une consigne sécurité, une consigne de travail et une consigne de contrôle ?

• pourquoi proposer aux clients aux parties intéressées 3 manuels ?

➤ d'assurer un équilibre permanent dans la prise de décision. On pourrait décider d'une action à impact bénéfique sur un domaine mais négatif sur un autre. L'examen de chaque projet, chaque décision sous les trois angles permet d'éviter ce risque,

➤ de faciliter l'appropriation du système par les collaborateurs. Trop d'information n'aide pas forcément à l'implication !

Un système intégré QSE
Un seul système cohérent permettant d'établir
et de déployer des objectifs en matière de qualité, d'environnement
et de santé/sécurité au travail de manière coordonnée

Au final, une entreprise qui a déployé un système QSE dispose d'un véritable système de gestion des risques, d'un outil de pilotage cohérent qui renforce sa position sur un marché très concurrentiel en lui permettant de développer une image d'entreprise responsable qui connaît les risques liés à son métier et a choisi de les réduire à un niveau raisonnable.

Elle limite les **dangers de contradictions possibles** entre les trois systèmes et affirme son engagement en jouant la transparence.

Un système QSE est un premier pas vers le développement durable, dont le concept associe bien trois objectifs : **efficacité économique, équité sociale et préservation de l'environnement.**

L'entreprise assure sa compétitivité durablement en créant de la valeur, de manière équitable et responsable pour le client et pour toutes les autres parties intéressées (y compris les actionnaires), en intégrant dans sa gestion des risques les aspects qualité produits, environnementaux, et sociaux de ces activités qui pourraient altérer son image et avoir des conséquences financières significatives.

Trois systèmes de management en un

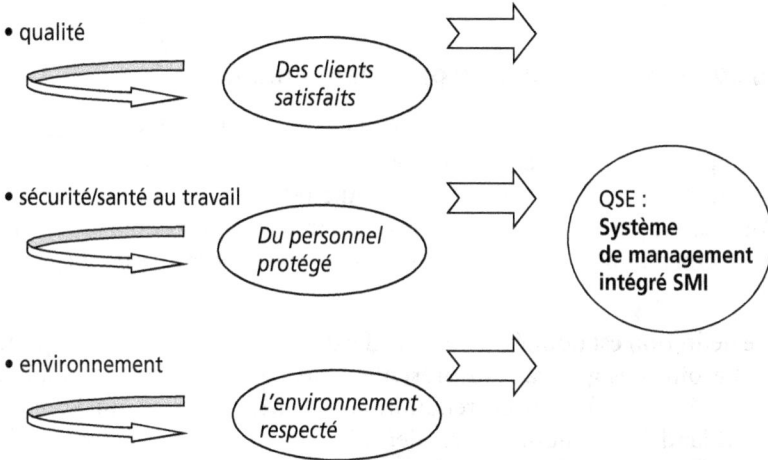

• qualité

Des clients satisfaits

• sécurité/santé au travail

Du personnel protégé

QSE : **Système de management intégré SMI**

• environnement

L'environnement respecté

Un système intégré donne confiance aux parties intéressées et prouve l'engagement de tous les membres du comité de direction dans une démarche de progrès et de remise en cause.

Au final, nous le verrons, le système QSE intégré a deux faces fondamentales :

➤ une face « maîtrise des risques » qui rassure,

➤ une face « amélioration des performances » qui engage l'entreprise dans une démarche globale de développement durable.

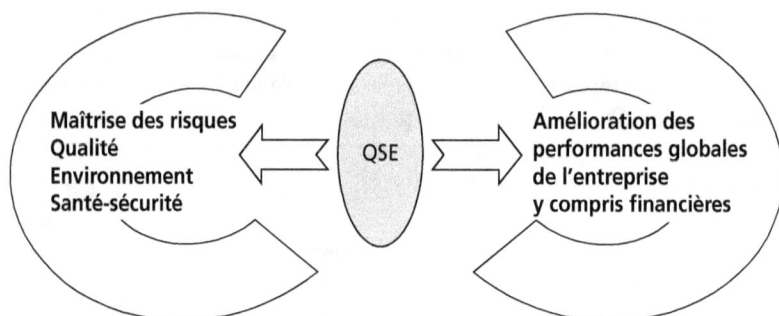

Quelques mots sur le développement durable

Sans rentrer dans le détail, il est difficile de parler de QSE sans parler de développement durable. Le concept est né vers les années 1970. A cette époque des experts expriment une inquiétude forte : le développement économique a un impact négatif sur l'environnement et pourrait à long terme déséquilibrer fortement nos écosystèmes et accroître les inégalités humaines.

Une définition est donnée en 1987 : « Le développement durable répond aux besoins des générations présentes sans compromettre la capacité des générations futures de répondre aux leurs. » (Extrait du Rapport Brundtland 1987 - nom du premier ministre norvégien, rapporteur du projet de la commission mondiale pour l'environnement et le développement).

Le rapport a été publié en plus de vingt langues, il faisait la synthèse de tous les travaux et projets engagés au niveau international sur l'environnement et le développement.

La définition du développement durable met bien l'accent, à long terme sur l'équilibre entre le développement économique et les facteurs humains et environnementaux.

Le sommet de Rio en 92 a complété le concept de principes liés au développement durable. Citons les principaux :

PRINCIPES DE DÉVELOPPEMENT DURABLE (RIO 92)

DE PRÉCAUTION : éviter les risques d'irréversibilité

DE PRÉVENTION : mieux vaut « prévenir que guérir »

DE RESPONSABILITÉ : les pollueurs doivent être les payeurs

DE PARTICIPATION : tous concernés, tous décideurs, tous acteurs

DE SOLIDARITÉ : contribuer à un monde plus équitable en faveur des plus démunis

DE GESTION ÉCONOME ; la raison est de rigueur car les ressources sont limitées

---

Une entreprise engagée dans le développement durable va donc rechercher un **équilibre permanent** entre les contraintes et les enjeux visés.

Son challenge est de manager l'entreprise pour qu'elle soit ;

➤ **viable**,

➤ **vivable**,

➤ **équitable**.

Cette entreprise « idéale » se préoccupe d'être rentable, de créer de la valeur sur le plan économique tout en s'imposant une double responsabilité à un niveau mondial :

➤ la préservation écologique de notre planète,

➤ le respect de la dignité de la personne humaine.

Trois dimensions de responsabilité du développement durable se retrouvent conjointement déployées :

➤ une dimension économique avec de la création de valeur pour les clients et les actionnaires de l'entreprise,

➤ une dimension humaine et sociale avec des valeurs de protection et d'équité, qui seront aussi développées chez les sous-traitants et fournisseurs,

➤ une dimension environnementale avec le principe de précaution.

L'entreprise responsable

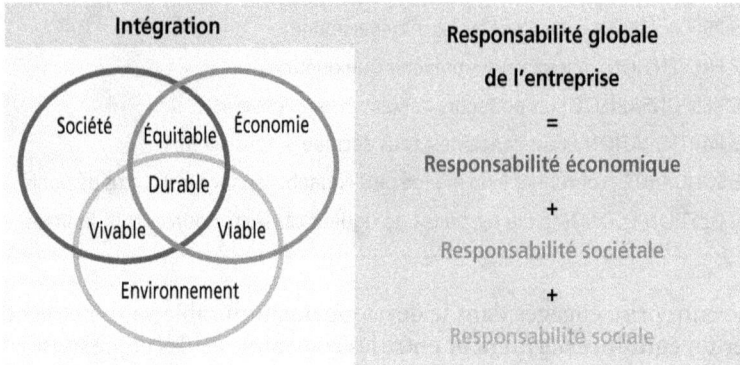

Intégration

Société — Équitable — Économie
Durable
Vivable — Viable
Environnement

Responsabilité globale
de l'entreprise

=

Responsabilité économique

+

Responsabilité sociétale

+

Responsabilité sociale

C. Brodhag, http://www.agora21.org

Si la dimension sociale est toutefois largement plus développée, un système QSE permet de construire les socles du développement durable ; par son approche économique, son souci d'améliorer les performances environnementales de l'entreprise ainsi que le respect du personnel à son poste de travail.

2. QUELLES SONT LES PARTIES INTÉRESSÉES AU QSE ?

Un système QSE doit donc satisfaire trois grandes catégories de parties intéressées :

➤ les clients

➤ l'environnement

➤ le personnel au travail

Les clients : il peut s'agir d'un client qui achète le produit, celui qui paye et/ou celui qui utilise le produit. Chacun de ces clients a des attentes exprimés et implicites qu'il est nécessaire de formaliser pour pouvoir y répondre.

L'environnement : ce terme mérite quelques précisions. La norme ISO 14001 qualifie d'environnement le milieu dans lequel un organisme fonctionne, incluant l'air, la terre, l'eau, les ressources naturelles, la flore, la faune, les êtres humains et leurs interrelations. Cette dimension « écologique » peut être complétée de façon plus concrète par la collectivité, le voisinage qui peut être dérangé par les nuisances d'une entreprise, la société civile (associations, etc.).

Les personnes au travail : les salariés permanents de l'entreprise mais aussi les salariés temporaires (CDD, stagiaires) et même les visiteurs (fournisseurs, clients) et les entreprises travaillant au sein des établissements (sociétés de maintenance).

Mais on ne peut parler **de parties intéressées** sans prendre en compte d'autres acteurs majeurs des systèmes QSE :

Les actionnaires : tout système de management doit être efficace mais aussi efficient. Que ce soit pour la qualité, la sécurité et l'environnement la recherche de rentabilité doit être constante. Faire la chasse aux gaspillages (électricité, papiers), réduire le coût des amendes, des accidents (sécurité/environnement) font partie des motivations des directions à engager une telle démarche.

L'État : garant, par l'intermédiaire d'autres instances, du respect de la réglementation (citons la DRIRE, le CNAM).

Les assureurs qui recherchent à avoir confiance dans la capacité de l'entreprise à gérer ses risques.

Et la direction qui veut être rassurée et afficher des performances QSE de son entreprise en amélioration permanente.

Chaque partie intéressée va donc avoir ses attentes propres : le client veut un produit conforme à ses attentes, être informé des risques liés à l'utilisation de son produit ; le personnel attend que son employeur lui garantisse son emploi et toute sécurité à son poste de travail ; il désire aussi que ses suggestions soient prises en compte et que sa contribution aux performances QSE soit reconnue ; la société civile, l'environnement recherchent la sécurité des installations, la diminution voire la suppression des nuisances, des impacts environnementaux positifs ; ils veulent la transparence et la confiance ; l'administration vérifie le respect de la réglementation et la prise en compte du principe de précaution ; les actionnaires aspirent à la pérennité et la rentabilité des activités.

Le système QSE doit être le garant de la prise en compte équilibrée de toutes ces exigences :

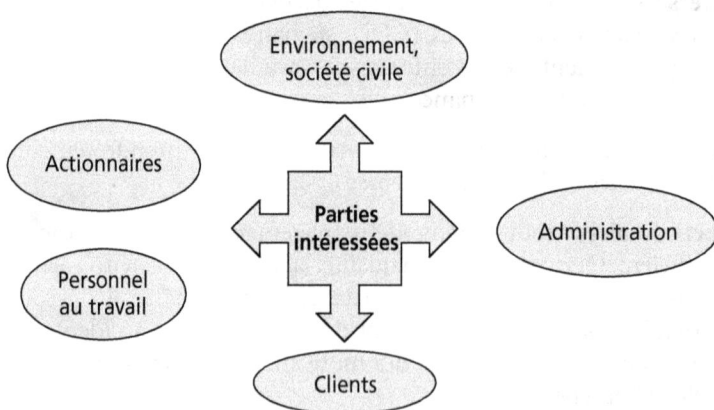

Les finalités du système QSE est ainsi d'assurer que chacune des parties intéressées sera satisfaite, que tout est mis en œuvre pour respecter la réglementation en vigueur, donner confiance, et améliorer les performances de l'entreprise sur les aspects QSE et économiques.

Plus précisément au travers de ses trois dimensions QSE, le système va répondre à des besoins multiples.

Les enjeux d'un système intégré

- **Qualité :**
  - Conserver ses clients
  - Créer des avantages concurrentiels
  - Être plus compétitif
  - Faire des économies
- **Environnement :**
  - Rassurer
  - Un engagement « citoyen »
  - Éviter les sanctions pénales et administratives
  - Prévenir les risques de pertes liées aux accidents
  - Faire des économies, économiser des ressources
- **Santé/Sécurité :**
  - Éviter les sanctions pénales et administratives
  - Rassurer
  - Prévenir les conséquences liées aux accidents (image, financier)
  - Fidéliser son personnel

Les objectifs, quand on intègre les trois systèmes de management, sont de piloter un seul système qui va assurer que **chaque intérêt, Q, S, E sera préservé en assurant une synergie entre chaque élément du nouveau système.**

Le QSE est une vue moderne du management de l'entreprise : une façon forte et formelle de placer le client, le personnel et l'environnement au cœur des préoccupations quotidiennes des managers. C'est aussi et surtout une manière structurée de manager des risques et de s'engager de manière irréversible dans une logique d'amélioration continue. Les directions prévoyantes et exigeantes l'ont compris. Ils en attendent résolument des avantages financiers et non financiers mais tout aussi stratégique.

- **L' intérêt stratégique d'un système intégre QSE**
  - ○ Le QSE est source de progrès
  - ○ Le QSE optimise des ressources pour satisfaire ses clients (parties intéressées)
  - ○ Le QSE gère des risques donc rassure en interne et en externe
  - ○ Les résultats sont très souvent liés
  - ○ Le QSE se « vend », on travaille sur l'image de l'entreprise
- **Un intérêt économique**
  - ○ On gagne plus d'argent
  - ○ Cela coûte moins d'argent
- **Un intérêt « éthique »**
  - ○ Un personnel sécurisé et fier de leur entreprise font des clients satisfaits et fidèles
  - ○ La seule finalité de l'entreprise n'est pas d'être rentable

3. Similitudes et spécificités des systèmes qualité, sécurité et environnement

Des analogies certaines

Un système de management reste un système de management qu'il soit créé pour la qualité, la sécurité ou l'environnement. C'est-à-dire une organisation permettant d'orienter et de contrôler un organisme en matière de Qualité, sécurité et environnement. Cela induit naturellement la définition d'une politique, l'expression d'objectifs mesurables, une planification rigoureuse des actions à entreprendre pour atteindre ces objectifs, des activités de surveillance et de maitrîse, un dispositif pour donner confiance.

Cette logique va se traduire par la mise opérationnelle de la roue de DEMING ou roue du PDCA et la nécessité dans les trois domaines d'obtenir une adhésion sans faille de la direction.

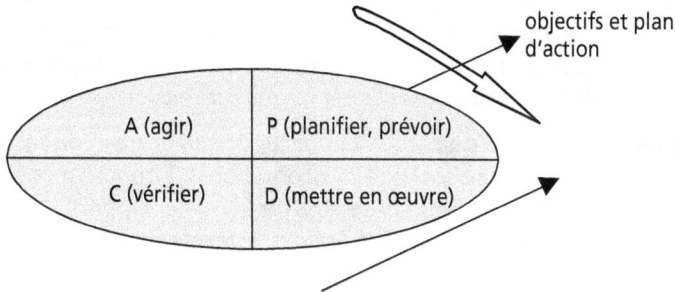

Les outils à mettre en œuvre vont être pour beaucoup les mêmes : plan d'action, indicateurs et tableau de bord, audits, contrôles,

La réflexion dans l'action sera dans les trois cas associée à une étude des paramètres clés qui garantissent la conformité du produit mais aussi la sécurité du personnel et le respect de l'environnement : **les 5 M !**

➤ **Méthode de travail** (façon de travailler, organisation formalisée ou non dans un système documentaire)

➤ Main-d'œuvre : le personnel (sa formation, sa compétence, ses responsabilités, sa sensibilisation aux conséquences de non-respect de procédures ou de non qualité)

➤ Matières premières (fournisseurs : notion de cahiers des charges, dévaluation, de sélection)

➤ Milieu (conditions de travail, ambiance..)

➤ Moyens (machines, système d'infos.. adaptés, entretenus)

La volonté de décrire, d'écrire est commune pour conserver le savoir-faire et formaliser les bonnes pratiques (manuel, procédures, instructions).

Environnement/sécurité, deux approches très similaires

Les systèmes de management santé/sécurité et environnement sont très proches sur 2 aspects :

➤ l'importance de la *réglementation :* base fondamentale des SME (système de management environnemental) et SMSS (système de management de la santé et sécurité au travail) (la réglementation qualité existe bien sûr mais elle est moins complexe).

Notons à ce niveau que la loi « nouvelles régulations économiques » NRE sur le reporting social et environnemental impose aux sociétés françaises cotées en bourse de fournir dans le rapport du conseil d'administration ou du directoire des informations sur la manière dont la société prend en compte les conséquences sociales et environnementales de son activité.

➤ *l'analyse des risques* qui va être réalisée de façon systématique en environnement et en sécurité.

Si l'on travaille sur les deux référentiels les plus utilisés en environnement et en sécurité et si on les compare aux exigences de la norme ISO 9001, on note deux grandes différences : des exigences plus fortes en terme de procédures pour les systèmes qualité mais aussi en communication externe.

La notion de situation d'urgence, de gestion de crise, est aussi plus forte dans le cadre des systèmes E/S avec ici aussi des procédures obligatoires.

Des champs d'application différents

Naturellement, le champ d'application est différent pour chacun des 3 axes QSE : si pour la qualité on s'intéresse aux produits et services délivrés (intentionnellement), l'environnement a pour champ d'étude les nuisances a priori non intentionnelles des activités, normales ou non, de l'entreprise. Les impacts environnementaux sont à considérer tout au long de la vie du produit, non pas pendant l'utilisation du produit par le client mais aussi « après ».

Le volet santé et sécurité s'intéresse au « bien-être » des personnes dans le cadre de leur travail.

Enfin l'approche processus est plutôt un concept « qualité » mais qui pourra naturellement s'élargir aux impératifs du QSE.

4. POUR UN RESPONSABLE QUALITÉ, QU'EST-CE QUE CELA CHANGE ?

Au-delà du **respect du contrat avec ses clients**, nous l'avons vu, l'entreprise s'engage à **satisfaire l'ensemble des parties intéressées** (société civile, environnement, personnel).

La réglementation va prendre une part importante dans le système, qui va devoir mettre en place une veille réglementaire.

Le **cycle du produit** va être considéré plus largement : il est acheté, utilisé, jeté, recyclé. Toutes ces étapes sont à prendre en compte pour évaluer les impacts environnementaux.

Le management des processus prend une autre dimension car ils vont être étudiés sous l'angle QSE : les déchets sont identifiés comme des produits sortants, les ressources naturelles, l'énergie sont aussi pris en compte pour être optimisées. La finalité du processus change (on ne veut plus produire « conforme » mais produire conforme en respectant l'environnement et la sécurité du personnel). Les indicateurs devront donc être complétés : pour mesurer l'efficacité du processus, on va dorénavant prendre en compte la mesure des pollutions, les déchets et comptabiliser les accidents/incidents de travail.

Les responsabilités sont globalisées et/ou redéfinies. Une nouvelle structure de pilotage est à construire.

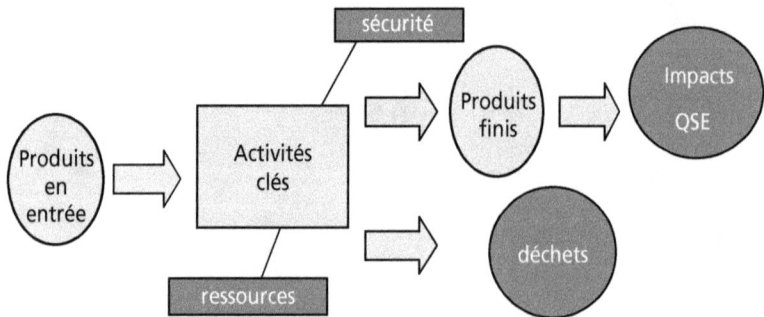

Au final **les fonctions du système intégré** sont à formuler clairement, pour que chacun comprenne bien le nouveau champ d'application de ce système, son objet, son champ d'application.

Le client reste un acteur clé mais auquel s'ajouter le voisinage, la collectivité, le personnel.

La volonté est toujours de progresser d'améliorer la satisfaction des clients, la conformité du produit mais dans un souci permanent de prévention pour l'environnement et le personnel et dans le cadre strict d'une réglementation rigoureuse.

L'amélioration se conjugue désormais plus que jamais avec **la prévention et la conformité réglementaire.**

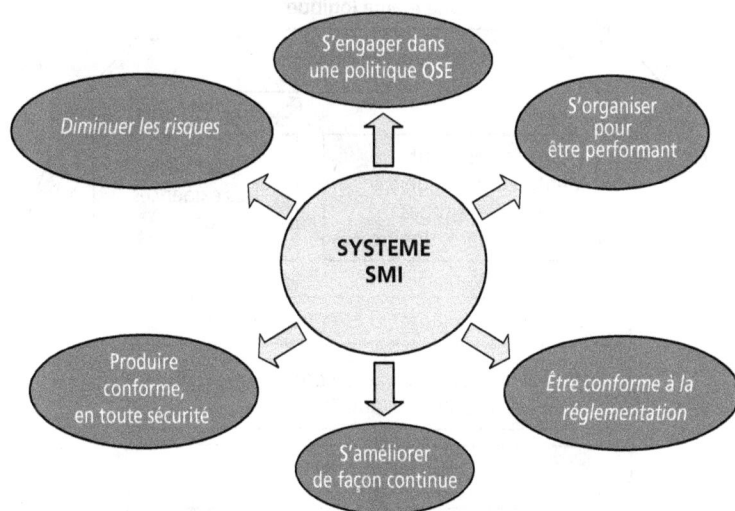

Mais si on change le périmètre d'application et les enjeux , la logique de déploiement reste le même. L'écoute client va être naturellement complétée d'une analyse des risques santé/sécurité au poste de travail, et d'une analyse environnementale initiale. Pour redéfinir lors d'une revue de direction une politique et des objectifs QSE.

La planification va prendre en compte des actions pour améliorer les performances QSE, et plus concrètement pour diminuer les risques significatifs.

On va dorénavant aussi prendre l'habitude de tester, simuler les situations d'urgence pour s'assurer que l'on a tout prévu.

La notion de non-conformité va être naturellement redéfinie, élargie (on va aussi parler d'accidents, d'incidents, d'alerte) mais les actions correctives et préventives seront toujours et encore déclenchées au quotidien… Les audits seront abordés dans une nouvelle dimension . Le système documentaire et le tableau de bord vont aussi évoluer aussi.

Une même logique

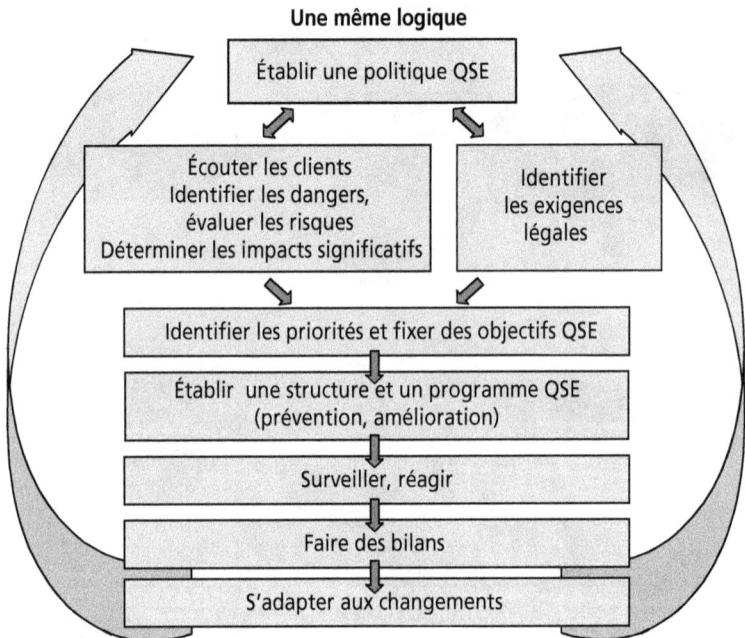

Ces grands thèmes vont être abordés dans notre chapitre 4.

CHAPITRE 2

L'essentiel à savoir pour développer un système de management santé-sécurité au travail ?

Qu'entend-t-on par santé, sécurité au sein de l'entreprise ?

La santé : ce sont les conditions et facteurs ayant une influence sur le bien-être des employés, des travailleurs temporaires, du personnel détaché par un fournisseur, des visiteurs et de toute autre personne présente sur le lieu de travail.

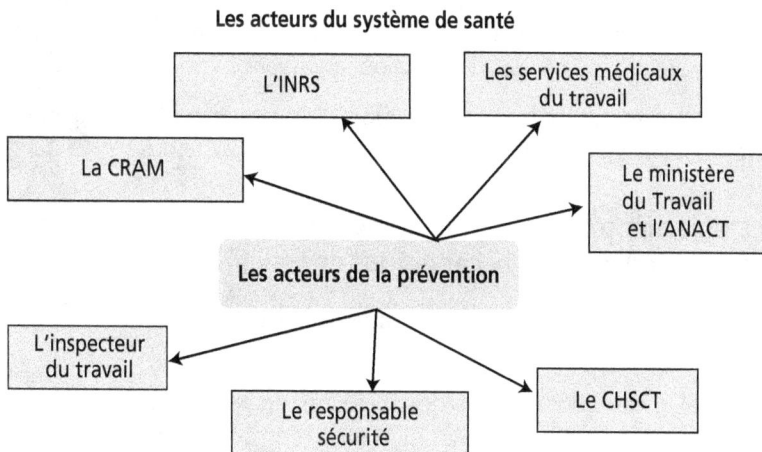

Les acteurs du système de santé

- L'INRS
- Les services médicaux du travail
- La CRAM
- Le ministère du Travail et l'ANACT

Les acteurs de la prévention

- L'inspecteur du travail
- Le responsable sécurité
- Le CHSCT

Cette notion de bien-être va donc au-delà du simple concept de la sécurité au poste de travail. Un système de management de la santé et sécurité vise au bien-être des personnes dans le cadre de l'entreprise ce qui va inclure les problématiques de harcèlement, de stress..

Les acteurs de ce système vont être différents en partie d'un système de management qualité . On va voir intervenir des entités très importantes telles que le CHSCT (comité d'hygiène, sécurité et des conditions de travail), la CRAM (caisse régional d'assurance maladie)… mais aussi dans lesquelles intervient l'INRS (Institut national de la sécurité), la médecine du travail et l'inspection du travail), l'ANACT (Agence nationale pour l'amélioration des conditions de travail).

1. QUELS SONT LES 5 OBJECTIFS D'UN SYSTÈME DE MANAGEMENT SANTÉ/SÉCURITÉ AU TRAVAIL ?

Rappelons, en guise d'introduction, que les accidents de travail, s'ils augmentaient en France depuis 96, sont en diminution depuis 2002, preuve que les systèmes mis en place ici ou là ont commencé à porter leurs fruits.

Que peut donc attendre une direction d'un système de management santé/sécurité au travail et quels sont les objectifs à atteindre ?

Des objectifs concrets de diminution des accidents et des maladies liés aux conditions de travail

Ils vont se traduire en objectifs économiques (liés aux coûts des accidents, aux arrêts).

L'intégralité des coûts directs des accidents du travail et des maladies professionnelles est supportée au travers des cotisations de Sécurité sociale.

Quelques chiffres

En 2004 selon les statistiques de l'assurance-maladie les accidents du travail et maladies professionnelles ont entraîné le versement de 6 719 millions d'euros aux victimes, la perte d'environ 48 millions de journées de travail (ce qui équivaut à la fermeture d'une entreprise de plus de 130 000 salariés pendant 1 an).

Pour l'entreprise, des coûts indirects s'ajoutent tels que : le temps passé avec la victime, les temps administratifs, la perturbation du personnel qui peut déclencher une baisse de productivité.

NB : on entend par accident de travail, l'accident survenu, quelle qu'en soit la cause, par le fait ou à l'occasion du travail, à toute personne salariée ou travaillant à quelque titre ou en quelque lieu que ce soit pour un ou plusieurs employeurs ou chefs d'entreprise.

Des objectifs plus organisationnels

Ils vont se traduire par la mise en place d'un système où chacun sait qui est responsable de quoi, et qui doit faire quoi en cas d'accident ou d'alerte.

La clarification des rôles permet d'être plus performant.

Chacun connaît sa zone de responsabilités, chaque collaborateur est à la fois acteur et bénéficiaire de la démarche.

Des objectifs purement réglementaires

Il s'agit de la mise en conformité en matière d'hygiène, santé et sécurité dans le périmètre de l'entreprise. Cela vise à éviter les amendes mais aussi la mise en cause des responsables en cas d'accident grave (depuis 94, les sanctions encourues par les employeurs en cas d'accidents du travail et maladies professionnelles sont accentuées).

La pression juridique force les entreprises à s'engager. Même si la pression n'est pas si récente :

➤ 1848 : loi sur la réparation des dommages

➤ 1874 : création de l'inspection du travail

- ➤ 1946 : création du code de travail
- ➤ 1946 : création de la médecine du travail
- ➤ 1947 : création de comités d'hygiène et de sécurité
- ➤ 1976 : obligation de formation pratique et appropriée à la sécurité
- ➤ 1985 : les directives européennes des exigences essentielles de sécurité
- ➤ 1991 : transpositions en droit français de sept directives visant à promouvoir l'amélioration de la santé et de la sécurité du travail

Des objectifs de sérénité et d'image

Ici, c'est la maîtrise des risques qui est au cœur du système. La direction ne veut plus subir, ou vivre dans l'angoisse mais être rassurée sur la capacité de l'organisation à avoir réduit les risques à un niveau acceptable.

Des objectifs de confiance

Il s'agit de la confiance des partenaires, actionnaires et salariés de l'entreprise. La direction peut démontrer qu'elle a mis au cœur de ses préoccupations la santé et la sécurité de son personnel et qu'elle joue carte sur table en toute transparence.

Si le système de management de la qualité vise à satisfaire le client en faisant porter ses actions sur tous les facteurs qui vont induire la conformité ou la non-conformité des produits ou services intentionnels délivrés à ce client, le système de management santé-sécurité au travail va viser la prévention du risque d'accident de travail en travaillant sur les comportements (personnes), les installations et mieux maîtriser les situations en cas d'accidents.

2. QUEL EST LE CONTEXTE RÉGLEMENTAIRE ?

Le code du travail

La principale réglementation applicable en matière de santé et sécurité au poste de travail est **le code du travail, livre 2, titre III « hygiène, sécurité et conditions de travail »**.

Le code du travail est composé de textes de codifications proprement dits (lois et décrets de 73, décrets en principe d'incorporation annuelle, rectificatifs) et des lois et décrets qui depuis la date de création ont directement modifié, complété ou abrogé certains articles du code.

Ce texte définit ce que l'entreprise doit au minimum mettre en place pour assurer la sécurité de son personnel (moyens, ressources, actions) mais aussi les responsabilités associées. Elle précise en autres, les interdictions et les limites d'emploi de substances dangereuses. Elle formalise le droit des travailleurs, les devoirs des responsables et peut préciser dans certains cas les conditions d'exécution de certains travaux. Plus précisément, le code de travail aborde 9 chapitres.

Chapitre préliminaire : les principes généraux de prévention

1. Des dispositions générales

2. L'hygiène

3. La sécurité

4. Les dispositions particulières aux femmes et jeunes travailleurs

5. Les dispositions particulières applicables aux opérations de bâtiments et de génie civil

6. Les comités d'hygiène, de sécurité et des conditions de travail

7. Les prescriptions particulières d'hygiène, de sécurité applicables aux travaux effectués dans un établissement par une entreprise extérieure

8. Les dispositions particulières relatives à la coordination pour certaines opérations de bâtiments ou de génie civil

En matière de santé et sécurité, les entreprises doivent également respecter **la loi N° 91-1414 du 31 décembre 91** modifiant le code du travail et le code de santé publique qui établit comme principe fondamental de prévention celui de l'évaluation des risques. Elle transpose dans le droit français la directive européenne cadre de juin 1989.

L'article L230-2 du code du travail traduit le droit communautaire au regard de trois exigences générales :

➤ une obligation pour l'employeur d'assurer la santé et la sécurité des travailleurs

➤ la mise en œuvre des principes généraux de prévention des risques professionnels :

- Éviter les risques
- Évaluer les risques qui ne peuvent être évités
- Combattre les risques à la source
- Adapter le travail à l'homme
- Tenir compte de l'état d'évolution de la technologie
- Remplacer ce qui est dangereux par ce qui n'est pas dangereux ou par ce qui est moins dangereux
- Planifier la prévention en y intégrant, dans un ensemble cohérent, la technique, l'organisation du travail, les relations sociales et l'influence des facteurs ambiants
- Prendre des mesures de protection collective en leur donnant la priorité sur les mesures de protection individuelles
- Donner les instructions appropriées aux travailleurs
- Former le personnel

➤ l'obligation de procéder à une évaluation des risques.

Le décret de 5 novembre 2001 porte, lui, sur la création d'un document unique relatif à l'évaluation des risques pour la santé et la sécurité des travailleurs prévu dans l'article L230-2 du code du travail.

Citons **quelques extraits du code du travail.**

Art. L230-2 – Le chef d'établissement prend les mesures nécessaires pour assurer la sécurité et protéger la santé physique et mentale des travailleurs de l'établissement, y compris les travailleurs temporaires.

Art. L231-2-1 – Des commissions d'hygiène et de sécurité composées de représentants des employeurs et des salariés sont chargés de promouvoir la formation à la sécurité et de contribuer à l'amélioration des conditions d'hygiène et de sécurité.

Art. L231-3-1 – Tout chef d'établissement est tenu d'organiser une formation pratique et appropriée en matière de sécurité au bénéfice des travailleurs qu'il embauche, de ceux qui changent de poste de travail ou de technique...

Art. L232 3-2 – Le chef d'établissement est tenu d'organiser et de dispenser une information sur les risques pour la sécurité et la santé et les mesures prises pour y remédier.

Art. L236-1 – Sans préjudice de l'application des autres dispositions législatives et réglementaires, les vendeurs et distributeurs de substances ou préparations dangereuses ainsi que les chefs des établissements où il en est fait usage sont tenus d'apposer sur tout récipient sac, ou enveloppe contenant des substances ou préparations dangereuses une étiquette ou une inscription indiquant le nom, l'origine de ces substances ou préparations et les dangers que présente leur emploi (voir art R 231-53).

Art. L231-8 – Le salarié signale immédiatement à l'employeur ou à son représentant toute situation de travail dont il a un motif raisonnable de penser qu'elle présente un danger grave et imminent pour sa vie ou sa santé ainsi que toute défectuosité qu'il constate dans le dispositif de protection.

L'employeur ne peut demander au salarié de reprendre son activité dans une situation de travail où persiste le danger grave et imminent.

Art 237-1 – Lorsqu'une entreprise dite entreprise extérieure, fait intervenir son personnel aux fins d'exécuter une opération ou participer à l'exécution d'une opération dans un établissement ou une entreprise, le chef de l'établissement utilisateur assure la coordination générale des mesures de prévention qu'il prend et celles de l'ensemble des chefs des entreprises intervenant dans son établissement. Chaque chef d'entreprise est responsable de l'application des mesures de prévention nécessaires à la protection de son personnel.

Les directives de la Sécurité sociale et les exigences des assureurs

À ce code du travail, s'ajoutent les directives issues de la Sécurité sociale et les exigences propres aux assureurs.

La réglementation sur les installations classées (**Seveso II, annexe III de l'arrêté du 10 mai 2000**) prévoit la mise en œuvre d'un système de management de la sécurité pour la prévention des accidents majeurs impliquant des substances dangereuses et la limitation de leurs conséquences pour l'homme et l'environnement.

3. QUELS SONT LES PRINCIPAUX RÉFÉRENTIELS ?

Il n'existe pas de norme ISO traitant du management de la santé-sécurité au travail. Certains pays disposent à ce jour de normes officielles relativement récentes.

Exemples

- En Grande-Bretagne, le BS 8800 : 1996 qui a abouti à l'OHSAS 18001 (99) bâtie selon la norme 14001. Ce référentiel, même s'il n'est pas une norme ISO reste en France, la référence pour de nombreuses entreprises. Il est possible d'être certifié OHSAS 18001,
- En Chine, il y a le GB/T 280001 : 2001,
- En Australie, le AS/NZ 4804 :2001,
- En Espagne, UNE 819000 *General Rules for Implementation an Occupationnal Health and Safety Management System.*

En plus de ces textes nationaux, il existe aussi des normes qualité qui intègrent déjà des impératifs santé-sécurité tels que ISO TS 16948 dans l'automobile, et/ou des référentiels internes aux entreprises.

- **ISRS** (International Safety Rating System) est un référentiel de management de la santé-sécurité élaboré par DNV. Il comporte 20 éléments et permet une auto-évaluation des entreprises. Régulièrement mis à jour il répond notamment aux exigences de SEVESO II.

- **Le MASE** (manuel d'assurance qualité entreprises extérieures) a été mis en place par des donneurs d'ordre et entreprises sous-traitantes dans le cadre de l'application du décret du 20 février 1992.

- **DT 78** : manuel d'habilitation des entreprises extérieures de l'industrie chimique (édité par l'UIC : Unions des Industries Chimiques).

- **ILO-OSH 2001** : principes directeurs concernant les systèmes de gestion de la sécurité et de la santé au travail (édité par le Bureau International du Travail).

- **GEHSE** : Guide d'Évaluation d'Hygiène et de Sécurité Environnementale (accréditation pour entreprises extérieures intervenant sur sites/dépôts pétroliers…)

Un guide de mise en œuvre : l'OHSAS 18001

OHSAS : **O**ccupational **H**ealth and **S**afety **A**ssessment **S**éries. Cette spécification a été créée pour répondre à la demande urgente des entreprises de disposer d'une norme fournissant un « cadre » sur les systèmes de management de la santé et de la sécurité au travail selon laquelle leur système peut être évalué et certifié.

Elle est écrite pour être compatible avec les normes ISO qualité et environnementales (9001 et 14001).

Domaine d'application

La spécification définit des exigences relatives aux systèmes SST (Santé et Sécurité au Travail).

Elle doit aider les entreprises à :

➤ Établir un système pour éliminer, réduire au minimum les risques pour le personnel et les autres parties intéressées qui pourraient être exposés à des risques ;

➤ Mettre en œuvre et améliorer de manière continue ce STT ;

➤ Effectuer une auto-évaluation et faire, le cas échéant, une auto-déclaration de conformité à cette spécification..

Définitions associées

Rappelons brièvement quelques définitions.

Santé et sécurité au travail : conditions et facteurs ayant une influence sur le bien-être des employés, des travailleurs temporaires, du personnel détaché par un fournisseur, des visiteurs et de toute autre personne présente sur le lieu de travail.

Risque : combinaison de la probabilité et de la conséquence de la survenue d'un événement dangereux spécifié.

Sécurité : absence de risque de dommage inacceptable.

Danger : source ou situation pouvant nuire par blessure ou atteinte à la santé, dommage à la propreté, à l'environnement du lieu de travail, ou une combinaison de ces éléments.

Les exigences principales de L'OHSAS 18001

Ce référentiel comporte, comme la norme ISO 14001, 4 chapitres clés et 6 sous-chapitres pour les exigences système.

1. Domaine d'application

2. Publications de référence

3. Termes et définitions

4. Éléments du système de management de la santé et sécurité au travail.

➤ 41 - Exigences générales

➤ 42 - Politique SST

➤ 43 - planification

431 planification de l'identification des dangers de l'évaluation et de la maîtrise du risque

432 exigences légales et autres exigences

433 objectifs

434 programme de management de santé et de sécurité au travail

➤ 44 - mise en œuvre et fonctionnement

441 structure et responsabilité

442 formation, sensibilisation et compétence

443 compétence et communication

444 documentation

445 maîtrise des documents et des données

446 maîtrise opérationnelle

447 état d'alerte à une situation d'urgence

➤ 45 - vérification et action corrective

451 mesure et surveillance des performances

452 accidents, incidents, non-conformités, actions correctives et actions préventives

453 enregistrements et gestions des enregistrements

454 audit

➤ 46 - revue de direction

OHSAS 18001 : exigences du SMSS
Système de management santé et sécurité au travail

Chap. 42 : Politique santé et sécurité

Chap. 43 : Planification
(identification des dangers, exigences légales, objectifs, programme santé/sécurité)

Chap. 44 : Mise en œuvre et fonctionnement
Structure, formation, communication
Documentation, maîtrise opérationnelle, état d'urgence

Chap. 45 : Vérification et action corrective
Surveillance, non-conformité, AC/AP, audits, enregistrements

Chap. 46 : Revue de direction

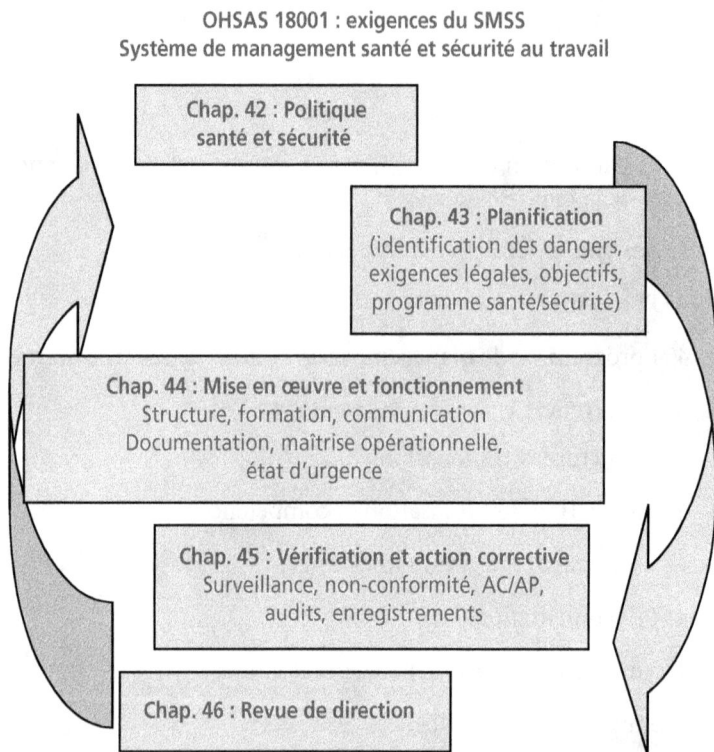

Similitudes et spécificités de l'OHSAS 18001 par rapport à l'ISO 9001

Une politique santé-sécurité (4.2) : comme pour la qualité, la direction doit exprimer son engagement et établir une politique SST. Elle doit ici être mise à la disposition des parties intéressées (c'est-à-dire aux individus ou groupes concernés ou affectés par les performances en matière de santé et de sécurité de l'organisme).

Planification (4.3) : Planification de l'identification des dangers, de l'évaluation et de la maîtrise du risque (4.3.1). L'entreprise doit établir une ou plusieurs procédures permettant en permanence d'identifier les dangers, d'apprécier les risques et de mettre en œuvre des mesures de maîtrise nécessaires. C'est un point clé du système. Nous le développerons plus loin.

Les exigences légales et autres exigences (4.3.2) sont aussi, nous l'avons vu, très importantes dans le cadre de la SST. Cela induit la veille réglementaire. Des banques de données sont disponibles, des sites internet existent pour faciliter l'identification des textes applicables, les associations profession-nelles peuvent être aussi d'un grand secours. Mais ces textes doivent être connus par le personnel à un poste où ont été identifiés des dangers SST.

Des objectifs quantifiables (4.3.3) vont pouvoir être définis à partir de l'analyse des risques, l'évaluation, la réglementation et d'autres exigences légales, la politique exprimée, l'examen des exigences opérationnelles, financières, techniques. Ils seront déployés dans les secteurs clés de l'entreprise.

Un programme (4.3.4) va définir, comme en qualité qui fait quoi et dans quel délai pour atteindre ses objectifs.

La mise en œuvre et fonctionnement du système de management de la santé-sécurité au travail (4.4).

On va retrouver la notion de définition de **structure et responsabilité (4.4.1).** Et ici aussi les managers seront au cœur de la dynamique.

Les managers doivent connaître les risques présents sur leur secteur, les obligations réglementaires applicables et les procédures définies par l'entreprise. Ils doivent s'assurer que l'ensemble des actions préventives nécessaires pour limiter les risques sont mises en œuvre.

Ils doivent aussi communiquer les objectifs, les résultats et être… exem-plaires !

La notion de compétence va se retrouver dans la partie **formation, sensibilisation et compétence 4.4.2.**

La qualification, l'habilitation va trouver ici un sens : selon le poste, le personnel peut être amené à suivre une formation spécifique qui permet de maîtriser certains risques particuliers liés à son activité et donnant lieu à une habilitation au sens du code du travail : habilitation cariste, habilitation électrique, travaux en hauteur, etc.

Les postes concernés peuvent être déterminés par des réglementations, des exigences clients, le code du travail, etc.

La formation va être un des éléments fondamentaux du système. Certaines sont exigées par la réglementation. Comme en qualité, l'ensemble des employés doivent être sensibilisés : les nouveaux embauchés, les intérimaires, les visiteurs doivent être accueillis et informés des règles et procédures clés (par l'intermédiaire d'un livret d'accueil par exemple).

La consultation et la communication (4.4.3) : en terme de santé-sécurité, la notion de consultation est un point spécifique. Une communication doit être mise en œuvre (et décrite dans une procédure) par le personnel et auprès du personnel et des autres parties intéressées.

Les employés doivent être :

> impliqués dans le développement et la modification des politiques et procédures de gestion de risques,

> consultés lors de la mise en place de tout changement affectant la santé et la sécurité sur le lieu de travail,

> représentés pour les questions de santé et de sécurité,

> informés de l'identité de leur représentant(s) et de celle du membre de la direction chargés des questions de santé et sécurité.

> NB : un processus de communication dans un système intégré a donc véritablement du sens. Aussi est-il indispensable de communiquer à toutes les étapes de la démarche et plus particulièrement après une nouvelle évaluation des risques, pour informer des résultats et expliquer les nouveaux objectifs et programmes, après un accident ou un presque accident (pour déclencher collectivement une action de progrès).

La maîtrise de la documentation (4.4.4-4.4.5) est sans spécificité importante.

La maîtrise opérationnelle (4.4.6) : à partir de l'analyse des risques, des dispositions sont prises pour diminuer ou maintenir le risque dans les limites acceptables.

Il s'agit de :

➤ écrire des procédures instructions, liées aux risques SST pour les équipements, les produits et services achetés (et de les communiquer aux fournisseurs et sous-traitants),

➤ écrire et tenir à jour des procédures pour la conception des locaux, les processus, les installations, machines,

➤ définir les équipements de protection individuelle nécessaires (EPI),

➤ identifier et stocker des substances dangereuses dans des conditions réglementaires (fiches sécurité),

➤ définir des consignes d'évacuation,

➤ formaliser les permis de pénétrer dans des zones à risques,

➤ définir un plan de prévention pour les entreprises extérieures.

Comme dans un système qualité, les procédures doivent correspondre au danger, à la complexité des opérations, au personnel.

L'état d'alerte et la réponse à une situation d'urgence (4.4.7) est une spécificité (même si elle se rapproche beaucoup de la gestion de crise en cas de rappel produit dans les systèmes qualité).

L'évaluation des risques a permis de repérer des situations dangereuses, accidents potentiels tels que incendie, explosion, accidents personnels (situations déjà prises en compte dans le cadre des entreprises SEVESO II ou soumises à autorisation).

Une procédure doit être créée pour prévenir les situations d'urgence et rendre capable d'y faire face, à savoir :

➤ détecter,

➤ alerter,

➤ repérer et utiliser les équipements d'urgence, les numéros clés,

➤ identifier les responsabilités clés,

➤ gérer les relations en interne et en externe en prenant en compte toutes les personnes présentes sur le site (CDD, CDI, fournisseurs, visiteurs, sous-traitants).

L'entreprise teste régulièrement ses plans d'urgence, pour en vérifier l'efficacité, s'assure périodiquement du bon fonctionnement des équipements d'urgence.

Le retour d'expérience est un élément clé en prévention : chaque exercice, chaque accident est l'occasion de faire un bilan, d'en tirer des constats pour améliorer le système et le sécuriser toujours plus.

Contrôle et action corrective (4.5) : tout comme dans les systèmes environnementaux et qualité, **l'entreprise met en œuvre des surveillances (4.5.1).**

L'entreprise va mettre en place des procédures pour surveiller ses performances santé/sécurité au travail, valider que la politique SST est bien mise en œuvre et que l'ensemble des dispositions prévues sont appliquées et efficaces, voir quels objectifs sont atteints ; Les mesures permettent aussi de surveiller les accidents, la détérioration de la santé, les incidents.

Dans le cadre de ces mesures on va intégrer à la fois les vérifications périodiques réglementaires (obligations de vérifications périodiques de matériel par des organismes agréés). On testera aussi les boutons d'alerte, les alarmes, les barrières immatérielles, les détecteurs.

Bien entendu, il est nécessaire de suivre des **indicateurs.** On distinguera les indicateurs de résultats, de performance, liés pour la plupart à la politique santé/sécurité. Citons :

➤ le taux de fréquence TF,

➤ le taux de gravité TG,

➤ le nombre d'accidents matériels,

➤ le nombre de presque accidents.

Et des indicateurs de surveillance qui permettent de repérer des dérives :

➤ résultats d'audits (points de conformité/dispositions prévues),

➤ résultat de contrôle bruit en atelier,

➤ taux d'équipement de secours disponible,

➤ taux de respect des EPI,

➤ % de personnes formées,

➤ taux de respect des plans d'action préventifs,

➤ délai de traitement d'un accident.

Les accidents, incidents, non-conformités doivent être traités comme dans ISO 9001 (452). Il s'agit de mener des actions pour diminuer les conséquences et déclencher des actions correctives et préventives, et d'en vérifier l'efficacité.

On peut utiliser ici l'arbre des causes pour réaliser une investigation profonde des causes à l'origine des accidents, et ceci en groupe de travail.

La notion de presque accidents provient d'une hiérarchisation des événements possibles dans une entreprise, par ordre de gravité.

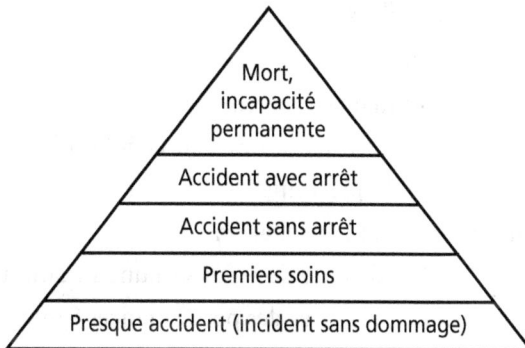

Dans cette recherche d'action corrective, la description des circonstances de l'accident est fondamentale. Il faut mettre en œuvre une démarche méthodique d'analyse des causes afin de résoudre le dysfonctionnement et vérifier ensuite l'efficacité du dispositif mis en œuvre.

Les audits internes (4.5.4), outils de progrès sont naturellement une exigence du référentiel

La revue de direction (4.6) se structure comme dans tout système de management :

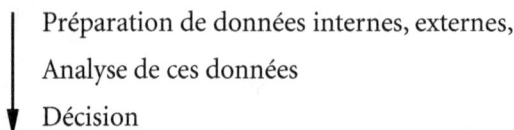

> Préparation de données internes, externes,
>
> Analyse de ces données
>
> Décision

En bref

OHSAS 18001 = spécificités par rapport à ISO 9001

➤ Une veille réglementaire

➤ Une évaluation des risques Santé-Sécurité au travail significatifs (document unique)

➤ Plus de communication

➤ Des états d'alerte et d'urgence

➤ Des procédures pour :

- L'identification et maîtrise des risques
- L'identification et mise à jour des textes applicables
- La sensibilisation du personnel, formation
- La communication et consultation
- La gestion de l'état d'alerte de réponse à une situation d'urgence
- Les surveillances et mesures des performances Santé-Sécurité

---

5. L'ANALYSE DES RISQUES : ÉLÉMENT CLÉ DU SYSTÈME

Nous l'avons vu, un des éléments fondateurs du système de management santé-sécurité au travail est l'analyse des risques propres à l'activité de l'entreprise et la mise en œuvre des mesures préventives qui en découlent permettant ainsi de les réduire à un niveau acceptable. (Ce point est un point réglementaire).

Cette étude est bien entendu un travail collectif.

Rappel de vocabulaire

Danger : Cause capable de provoquer une atteinte à la santé

Phénomène dangereux : Source potentielle de dommage.

Dommage : Conséquence pour la personne, atteinte pour la santé. On peut coter la gravité de ce dommage.

Situation dangereuse : Toute situation dans laquelle une personne est exposée à un ou plusieurs dangers.

Événement dangereux : Déclencheur qui fait passer de la situation dangereuse au dommage. On peut associer à cet événement une probabilité d'apparition.

Risque : Combinaison de la probabilité d'un dommage et de sa gravité. Mais on a souvent tendance à utiliser ce terme pour exprimer ce qui résulte de la situation dangereuse et occasionner un dommage (ex : risque de chute, risque électrique, risque de coupure, risque de contusion, risque de brûlure).

Comment arrive un accident ?

En fait, il existe dans l'entreprise **des dangers** (plus précisément des « phénomènes » dangereux : des situations, des équipements, des activités). Ces dangers vont occasionner **des dommages** (conséquences des accidents, presque accidents) par l'intermédiaire **d'un événement** qui va tout déclencher.

Cet événement met en relation la personne et le phénomène dangereux.

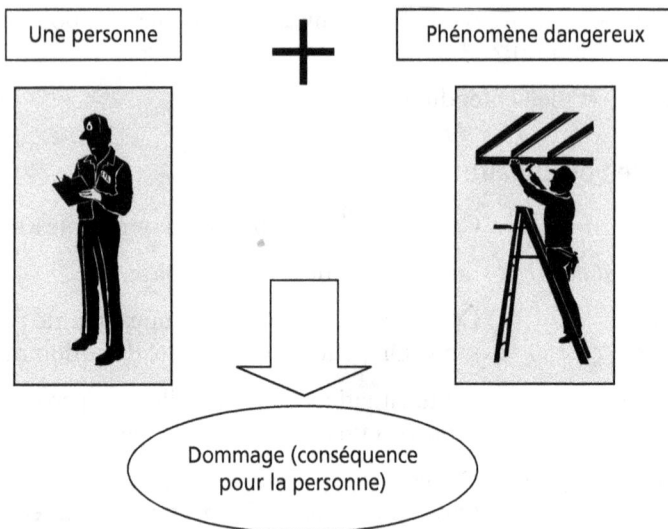

Une personne + **Phénomène dangereux**

Dommage (conséquence pour la personne)

Exemples

Une personne se blesse à la tête (dommage).

Cet accident a été déclenché par le fait que la personne s'est pris les pieds dans des fils qui traînaient par terre et qu'elle a perdu l'équilibre (événement dangereux)

C'est en heurtant la partie saillante d'un meuble (phénomène dangereux) que la personne s'est blessée

Autre exemple : une personne se déplace près d'un sol glissant (situation dangereuse, le danger étant le sol glissant), elle glisse (événement dangereux) et se fait une fracture (dommage).

Comment mener l'analyse des risques ?

L'analyse des risques va se faire en quatre temps :

1. identifier les dangers (phénomènes dangereux et situations dangereuses) et d'évaluer les risques.
2. définir des priorités d'action par un système de cotation.
3. mettre en application et mesurer l'efficacité.
4. remettre à jour l'analyse de risques en cas de besoin (la réglementation SST exige de les revoir au moins une fois par an).

Auparavant, avant toute analyse, il est important de définir le périmètre de l'étude (poste-zone-activité) et de bien étudier les risques en prenant en compte **la marche « normale »** de l'activité mais aussi **la marche anormale et/ou accidentelle.**

De façon globale, on va souvent aussi différencier les risques liés aux activités industrielles (de production, de maintenance) et les activités administratives.

L'étude va être réalisée en collaboration avec le CHSCT. Elle est présentée et commentée au personnel.

1. Première étape : identification des dangers et évaluation des risques

Cette analyse se réalise sur le terrain, par observation et analyse de données pour chaque unité de travail.

Elle débute par un recueil d'informations indispensables :

➤ quels sont les postes concernés ?

➤ quelles sont les activités/tâches ? on travaillera sur les opérations « standard » mais aussi sur toutes les tâches irrégulières, moins formalisées qui peuvent être à l'origine d'un accident (par exemple réglage ponctuel d'une machine ou enlèvement de poubelles).

➤ quels sont les trajets réalisés par les personnes ?

➤ quelles manutentions peuvent-elles être amenées à faire ?

➤ quelles positions de travail ? les postures ?

➤ comment est organisé le travail dans le périmètre défini ?

➤ quels sont les produits/moyens utilisés ?

➤ quels sont les équipements de sécurité/consignes en place ?

➤ quelles consignes de poste existent ?

➤ quels sont les facteurs de stress ?

➤ etc.

Pour chaque tâche, **pourront être identifiés des dangers et les dommages associés**. On peut s'aider de guides disponibles, certains sur intranet, qui répertorient déjà des dommages possibles et/ou les dangers. Par exemple :

➤ Chute d'objet due aux manutentions, ou stockage.

➤ Chute de personne due aux moyens d'accès en hauteur, état du sol.

➤ Glissade dû à un sol glissant.

➤ Heurt dû à la présence d'objet mobile.

➤ Coupure par manipulation.

➤ Écrasement, sectionnement, happage, chocs de manipulation.

➤ Brûlure.

➤ Dommage chimique.

➤ Maux de dos dus à un problème de posture/d'ergonomie.

➤ Fatigue causée par les conditions de travail.

➤ Stress dû aux conditions de travail.

➤ …

Nous allons ensuite évaluer, hiérarchiser les risques, bien qu'aucune méthode ne soit normalisée ou exigée.

Cette analyse consiste à associer deux critères : celui de la **probabilité d'apparition** de l'événement dangereux non désiré (qui va aller de

« quasi nulle à très possible ») et celui de la **gravité du dommage** pour l'individu (conséquence mineure à critique).

Probabilité : il s'agit de la probabilité que le dommage soit constaté à la suite de l'apparition de la situation dangereuse et de la fréquence ou durée d'exposition au phénomène dangereux.

> Quasi nulle/très improbable : une fois par an ou moins.

> Improbable, reste rare : 1 fois/mois.

> Possible/probable : 1 fois par semaine.

> Forte : hebdomadaire ou journalière.

Gravité

> Mineure : gêne pour la personne, soins légers.

> Notable : soins extérieurs ne nécessitant pas d'arrêt de travail.

> Grave/Majeure : dommage entraînant un arrêt de travail.

> Critique : séquelles irréversibles sur la santé (accident de travail mortel).

Les risques significatifs, identifiés comme tels (graves pour l'individu et probables) peuvent être reportés sur la fiche de poste.

2. Deuxième étape : identification des priorités

Cette combinaison de deux paramètres va se traduire par un tableau à double entrée : la probabilité d'apparition P et la gravité G.

P \ G	Mineure (m)	Notable (N)	Majeure (M)	Critique (C)
Quasi nulle 1				+
Rare 2		+	++	++
Possible 3		++	+++	+++
Forte 4	+	++	+++	+++

La zone des risques prioritaires non acceptables est notée +++ et va déclencher des actions immédiates (le travail devrait s'arrêter ou ne pas commencer). Le risque doit être réduit avant de reprendre.

Les risques en deuxième priorité sont notés ++ et un plan d'action doit être mis en œuvre à court terme.

Vient ensuite la zone à surveiller, identifiée +.

Globalement l'analyse est enregistrée **dans le « document unique »**

Activité : production Lieu : bâtiment A/Zone A1- marche normale

Danger Cause	Situation dangereuse	Événement	Risque de	G	O	Évaluation risque		R
Une fosse dénivellation de 1 m	Passage des salariés et visiteurs	Perte d'équilibre, bousculade	chute	C	4	+++	Action à engager	R1
Produit chimique*	Réalisation de la manutention	Défaillance ventilation	Intoxication par inhalation	M	2	+		

* on considérera dans l'exemple que les effets de cette intoxication ne sont pas très graves.

L'important, ensuite, c'est le plan d'action préventif qui va en découler. Les priorités d'actions vont induire la mise en place d'actions de formation et/ou de mise en œuvre de dispositifs de sécurité. On définira un délai de mise en œuvre et un responsable d'action.

Risque	Action formation	Action Dispositif	Délai	Qui	Mesure
R1		Mise en place d'une barrière de protection	1 mois	JFG	

3. Troisième étape : mise en application et mesure de l'efficacité

C'est l'étape de mise en application qui permet ensuite de valider l'efficacité des actions entreprises. Cela va permettre de mesurer si le risque inacceptable est devenu acceptable.

Ainsi on recherche à déplacer les risques critiques vers une zone « acceptable » en agissant sur les causes ou la gravité quand cela est possible.

P \ G	Mineure (m)	Notable (N)	Majeure (M)	Critique (C)
Quasi nulle 1				+
Rare 2		+	++	++
Possible 3		++	+++	+++
Forte 4	+	++	+++	+++

On s'appuie sur le plan d'action pour enregistrer ce contrôle.

Risque	Action formation	Action Dispositif	Délai	Qui	Mesure
R1 +++		Mise en place d'une barrière de protection	1 mois pour le 15 août	JFG	Le 1er sept R1 +

4. La quatrième étape est souvent la plus difficile : remise à jour de l'analyse de risques en cas de besoin

Il faut revoir régulièrement l'analyse de risques, surtout après toute modification de process ou de technique. C'est souvent ce qui manque dans les entreprises, faute parfois de temps disponible ou tout simplement par oubli.

En bref

ÉVALUER LES RISQUES SANTÉ-SÉCURITÉ
au sein d'une entreprise

➤ **Préparer l'étude**

Plan du site

Données internes, réglementation

⇩

➤ **Identifier les dangers**

(observations par activité et fonction)
Analyse des données

⇩

➤ **Déterminer les risques**

⇩

➤ **Hiérarchiser les risques**

(probabilités/occurrence)

⇩

➤ **Plan d'actions**

CHAPITRE 3

L'essentiel à savoir pour développer un système de management environnemental

La démarche environnementale s'applique à l'ensemble des activités ayant une influence, un impact significatif sur l'environnement. On ne travaille plus sur le produit qui est fabriqué par l'entreprise mais sur les éléments non intentionnels délivrés par elle.

1. DEUX RÉALITÉS FONDAMENTALES À PRENDRE EN COMPTE

Il s'agit de prendre en compte deux réalités fondamentales :

➤ d'une part l'environnement, qui combine plusieurs aspects (milieux, ambiances, paysages),

➤ d'autre part les activités industrielles qui ont souvent un impact significatif sur l'environnement.

Les différents milieux

L'air

On a coutume de dire que l'on peut rester plusieurs jours sans manger, plusieurs heures sans boire, mais seulement quelques instants sans respirer. C'est un milieu dynamique, sans cesse en mouvement *(les vents, les nuages...)* qui n'a pas vocation de transporter des éléments polluants ou des odeurs nauséabondes... Sa qualité est essentielle pour la santé humaine, mais aussi pour la stabilité des climats *(l'effet de serre, la couche d'ozone altérée...)*. C'est aussi de lui dont dépend, en partie, la pureté de l'eau *(les pluies acides...)*. Sa régénération est en grande partie assurée par les forêts, mais également par les océans *(les algues, le phytoplancton...)*.

L'eau

On présente traditionnellement l'eau, dans les cours de physique-chimie, comme un liquide incolore, neutre, inodore et sans saveur. Pourtant l'eau est l'un des éléments les plus indispensables à la vie. La liste des usages qu'on en fait *(domestiques, industriels, sécurité, loisirs...)* est longue. Le cycle de l'eau est complexe, il combine la molécule aqueuse dans ses différents états (vapeur, liquide et solide...). Il est difficile de dire où commence vraiment ce cycle : les océans, la banquise ou les pluies ? Ce qui est important, en revanche, c'est de comprendre qu'en raison de la lenteur du processus d'auto-épuration naturelle de l'eau, il convient d'être extrêmement vigilant à l'égard de sa qualité, en particulier en ce qui concerne les quantités consommées. En effet, les volumes ainsi utilisés représentent la partie « *mobile* » du milieu eau, la plus exposée et qu'il importe de savoir gérer, afin de ne pas entamer les réserves « *immobilisées* » (nappes phréatiques profondes, océans, banquise...), considérables mais fragiles et dont l'intégrité doit être respectée le plus longtemps possible.

Le sol

Au-delà de sa complexité *(caractéristiques hydro-géologiques, mécaniques, culturales...)* l'intérêt du sol, en terme d'environnement, réside dans une sorte de dualité. Il est, en effet, est à la fois un substrat et un vecteur :

> ➤ **un substrat :** il s'agit de la terre des agriculteurs, des éleveurs, des maraîchers et des jardiniers du dimanche. Les céréales, les légumes et les arbres fruitiers y poussent et y puisent leurs ressources alimentaires qui seront ensuite absorbées, directement ou indirectement, par les consommateurs tout au long de la « *chaîne trophique* » ;

➤ **un vecteur** : il est constitué de strates géologiques présentant des propriétés différentes *(perméabilité, résistance mécanique…)* mais qui ont toutes en commun une correspondance physico-chimique, lointaine ou immédiate, avec l'eau *(nappes phréatiques superficielles ou profondes, rivières, fleuves, lacs, océans…)*.

Polluer le sol, c'est aussi… polluer l'eau !

L'interaction des activités industrielles avec l'environnement

Comment nier l'impact des activités industrielles sur les différents milieux ou leurs nuisances sonores, olfactives et/ou esthétiques. ?

Cette prise en compte est indispensable pour entreprendre une démarche environnementale exhaustive indispensable pour l'élaboration d'un véritable <u>S</u>ystème de <u>M</u>anagement de l'<u>E</u>nvironnement *(SME)*.

S'engager dans une démarche environnementale c'est d'abord se poser la question : « *quelles sont les conséquences de l'activité de l'entreprise sur l'environnement ?* »

L'entreprise peut à la fois polluer l'air, le sol, l'eau (directement mais aussi avec ses déchets) et influer sur les ressources naturelles de notre planète

À petite et grande échelle, la pollution industrielle induit :

Les nuisances que subit quotidiennement le voisinage :

➤ **sonores.** Si l'on en croit les sondages, le bruit représente une des toutes premières nuisances ressenties par les individus. Cette gêne peut être perçue aussi bien au travail *(notion de conditions de travail)* que chez soi *(notion de nuisance environnementale ou de trouble du voisinage…)*.

➤ **olfactives.** Moins généralisée que la précédente, en tout cas plus limitée dans l'espace, la nuisance olfactive est également vivement ressentie par les individus, au travail ou chez soi *(équarrissage, élevage de porcs, raffinerie, fonderie, papeterie, etc.)*. L'ambiance olfactive a en outre la particularité d'être très difficile à apprécier du fait de son caractère

...

subjectif et de l'absence de véritable équipement de mesure dans le domaine des odeurs.

➤ **visuelles.** Dans la limite où on peut assimiler environnement et qualité de vie, l'intégration paysagère est également à prendre en compte. En effet, la dégradation des paysages *(lignes électriques, panneaux publicitaires, centres commerciaux, zones industrielles, voies ferrées, autoroutes, hangars agricoles…)* est telle que l'opinion publique y devient de plus en plus sensible.

On peut citer aussi comme nuisances, **la production de déchets** dont le recyclage et/ou la destruction est un réel problème écologique (en particulier les déchets industriels toxiques).

Au-delà de la pollution, on doit aussi prendre en compte :

L'épuisement des énergies : les énergies fossiles (pétrole, gaz, charbon) sont d'une part vouées à l'épuisement, et d'autre part sources d'émissions de gaz à effet de serre. En France elles permettent de satisfaire environ 70 % des besoins énergétiques (le reste est assuré par le nucléaire et les énergies renouvelables).

La raréfaction de l'eau : selon le rapport mondial sur l'eau publié en 2003, on peut prévoir au cours des 20 prochaines années une diminution d'environ un tiers de l'eau disponible par personne dans le monde.

Le déséquilibre de la faune et de la flore : la biodiversité naturelle (variété d'espèces et des écosystèmes) est mise à mal partiellement par le développement industriel. On ne compte plus les espèces (flore et faune confondues) ayant déjà disparu ou en voie de disparition !

Le réchauffement climatique est aussi un sujet d'actualité. L'émission de gaz à effet de serre, produit par l'utilisation de combustibles tels que pétrole, charbon et gaz entraîne une augmentation des températures climatiques. Les conséquences de ce réchauffement sont multiples et pourraient devenir catastrophiques.

2 niveaux d'interactions entreprise/environnement

Local
- respect du milieu proche du site
- conformité à la régle-mentation
- engagement vis-à-vis des riverains

Planétaires
- conservation des ressources
- maintien de la couche d'ozone, lutte contre le réchauffement de la planète
- diminution des déchets
- équilibre/respect de la faune et de la flore

Aujourd'hui où en sommes-nous en France ?
Quatre points forts

Une étude réalisée par l'OCDE (Organisation de coopération et de développement économique qui regroupe 30 pays membres) souligne 4 points forts dans son examen des performances environnementales de la France.

Des avancées sur la législation et la gestion des risques naturels et technologiques

La Charte Environnement créée en 2004 (*Texte adopté le 28 février 2005 par le Parlement réuni en Congrès et promulgué le 1er mars 2005 par Jacques Chirac, Président de la République*). Elle affirme notamment que « la préservation de l'environnement doit être recherchée au même titre que les autres intérêts fondamentaux de la Nation ». 10 articles constituent cette Charte. Citons en 3. ☞

Art. 2. - Toute personne a le devoir de prendre part à la préservation et à l'amélioration de l'environnement.

Art. 3. - Toute personne doit, dans les conditions définies par la loi, prévenir les atteintes qu'elle est susceptible de porter à l'environnement ou, à défaut, en limiter les conséquences.

Art. 4. - Toute personne doit contribuer à la réparation des dommages qu'elle cause à l'environnement, dans les conditions définies par la loi.

Le renforcement des prises de conscience des liens santé-environnement.

La gestion de l'eau : un plan permettra de donner une nouvelle marge de sécurité à l'alimentation en eau potable, de concilier les différents usages de l'eau tout en préservant la qualité des milieux aquatiques.

2. UN SYSTÈME DE MANAGEMENT ENVIRONNEMENTAL : QUELS ACTEURS ?

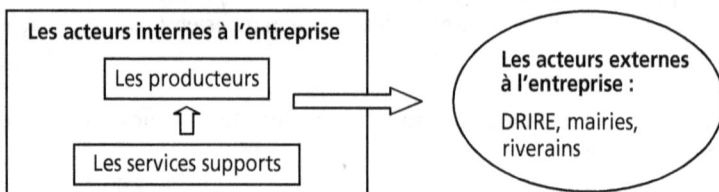

Les acteurs internes

- Ceux qui produisent (au sens large : fabrication, livraison, maintenance), ce sont eux qui a priori vont être directement engagés dans le système environnemental de l'entreprise ;

- Tous les services supports qui gravitent autour de la production. Ceux qui indirectement vont pouvoir influer sur les impacts générés par les activités de l'entreprise. Citons les services conception, méthodes, achats.

Les acteurs externes à l'entreprise

Ceux avec qui compter en raison de leur nature

Les préfectures/DRIRE

La préfecture représente l'État au niveau du département, dans le cadre de la déconcentration administrative *(à ne pas confondre avec la décentralisation !...)*. À ce titre, elle développe et met en œuvre la politique du gouvernement et, tout spécialement, elle est chargée de l'exécution des lois et des règlements.

En matière d'environnement au niveau industriel, elle joue un rôle essentiel ; on peut même dire qu'à partir d'une certaine taille, ou pour certaines activités, elle est l'interlocutrice incontournable de l'entreprise ; du moins au travers de ses services techniques. Ainsi, par exemple, c'est d'elle que dépendent :

➤ les services techniques de l'État dans le département, tels que les subdivisions Départementales Régionales de l'Industrie, de la Recherche et de l'Environnement (DRIRE), les services sanitaires *(DDASS)*, vétérinaires *(DDASS)*, de l'agriculture et des forêts *(DDAF)*, de l'équipement (DDE), de lutte contre l'incendie *(SDIS)*, etc. ;

➤ le « *vécu* » de la réglementation des installations classées :

- les déclarations d'activités *(nomenclature du décret de 1977)* sont faites à la préfecture :

- c'est le Préfet qui instruit la procédure de demande d'autorisation préalable à l'exploitation industrielle des établissements assujettis à ce régime et qui délivre cette autorisation, le cas échéant, assortie d'un certain nombre d'exigences et de quelques recommandations…

- c'est le Préfet qui met en demeure les entreprises de régulariser leur situation pour les défauts de conformité observés par les inspecteurs des installations classées, qui sanctionne leurs infractions et qui, éventuellement, peut les poursuivre en justice ;

➤ le lancement et la coordination des plans d'urgence *(de type ORSEC ou POLMAR, etc.)* pour lutter contre les pollutions accidentelles.

Par ailleurs, partout en France *(sauf à Paris « intra-muros » et en petite couronne où il s'agit du STIIC (Service Technique d'Inspection des Installations Classées) rattaché à la Préfecture de police de Paris)* ce sont les **DRIRE** *(dépendant des préfectures pour la plupart de leurs attributions)* qui sont, notamment, chargées de la surveillance des installations classées pour la protection de l'environnement (ICPE) :

➤ elles sont systématiquement consultées au cours de la procédure de demande d'autorisation et leur avis est tout à fait primordial, en particulier au plan technique ; ce sont elles qui, par exemple, examinent la recevabilité des dossiers de Demande d'Autorisation d'Exploitation (DAE) ;

➤ elles recueillent et analysent les informations transmises par les entreprises dans le cadre de l'auto-surveillance ; elles peuvent jouer d'ailleurs, à cet égard, un rôle de conseil non négligeable ;

➤ elles effectuent des visites inopinées de contrôle dans les entreprises soumises à la réglementation des installations classées ; afin de vérifier la conformité de ces dernières vis-à-vis des dispositions prévues, par leur arrêté d'autorisation pour les unes, par les différents arrêtés-types régissant leurs activités soumises à déclaration pour les autres.

Remarque

Afin de prévenir d'éventuelles difficultés, on ne peut que recommander aux entreprises de faire preuve de vigilance à l'égard du respect de leurs obligations, que cela soit au titre de la déclaration ou de l'autorisation, et de modifier par exemple quelques comportements et d'anticiper certaines améliorations.

Les Mairies

Les municipalités jouent également un rôle administratif substantiel dans le domaine de l'environnement à l'égard des industriels :

➤ pour l'obtention des permis de construire *(installation, agrandissement, modifications importantes, etc.)* ;

➤ par leur avis lors de la procédure d'autorisation *(installations classées)* ;

➤ par leurs arrêtés, relatifs à la lutte contre les nuisances locales ;

➤ par les effets, favorables ou non, de leur politique en matière d'assainissement et d'équipements collectifs (station d'épuration collective).

Les riverains

Les lois de 1975 *(déchets)*, de 1976 *(installations classées)* et de 1992 *(eau)*, donnent la possibilité aux associations de protection de la nature et de l'environnement de se constituer partie civile pour des faits constitutifs d'infractions *(principe de la légalité des délits et des peines et de la règle des éléments constitutifs des infractions)* à ces lois et qui portent un préjudice direct ou indirect aux intérêts collectifs qu'elles ont pour objet de défendre.

Remarque

L'expérience démontre que le meilleur moyen, pour les industriels, de composer avec les associations de protection de l'environnement est de jouer avec elles, au maximum, la transparence au niveau de leurs activités et en les associant le plus en amont possible lors de l'étude de tout projet industriel d'une certaine envergure, afin d'éviter le syndrome « NIMBY » : chacun est d'accord que des équipements collectifs soient mis en place (usine de traitement de déchets par exemple) mais pas à côté de chez soi !

Les clients/consommateurs et l'opinion publique

Les consommateurs recherchent des produits « verts » et sont sensibles de plus en plus à l'image de l'entreprise auprès de laquelle ils se fournissent.

Les donneurs d'ordres

Certains donneurs d'ordres, également, commencent à jouer un rôle non négligeable en matière d'environnement :

> ➤ soit en interdisant l'usage de certains produits (comme le font de nombreux donneurs d'ordre américains du secteur automobile en particulier, interdissent l'usage du trichloréthylène pour le dégraissage de certaines pièces embouties) ;

> ➤ soit en exigeant que leurs fournisseurs démontrent *(au moyen d'une attestation du fabricant)* que les solvants utilisés sont conformes aux protocoles de Montréal et de Londres par exemple.

> ➤ ou encore en préconisant pour certains de leurs fournisseurs le recours à des diagnostics environnement.

Toutefois, il convient de préciser que ces diagnostics/audits ne sont ni obligatoires, ni systématiques ; leur absence ne pénalise pas encore le sous-traitant, en revanche cela permet à l'entreprise qui y a eu recours de disposer d'un argument favorable supplémentaire.

La généralisation de cette approche semble se faire progressivement. Toutefois, certains donneurs d'ordres envisagent d'accélérer le mouvement dans les deux à trois prochaines années.

Ceux sur qui compter en raison de leur compétence

Les Agences de l'eau

La loi sur l'eau de 1992 a conforté le rôle des 6 Agences de l'eau, chacune s'occupant d'un bassin hydrographique. Entre autres, elles sont chargées de l'application en France des prescriptions européennes, en matière de gestion de la ressource en eau, en particulier quant à la qualité des cours d'eau, des nappes phréatiques et des eaux littorales. Pour les industriels leur rôle est essentiel :

➤ d'une part, en application du principe « *pollueur-payeur* » elles perçoivent trois types de redevances pour cause de :

- consommation,
- détérioration de la qualité de l'eau,
- modification du régime des eaux ;

➤ d'autre part, elles apportent selon des modalités différentes d'une agence à l'autre, des aides réellement significatives aux industriels souhaitant :

- investir en matière de dépollution, à la condition qu'ils soient redevables auprès de leur agence, et ce non seulement pour des études de faisabilité, mais aussi pour les travaux et équipements,
- éliminer l'ensemble de leurs déchets spéciaux, conformément à la réglementation *(transport + traitement en centre agréé).*

Les Conseils régionaux

Dans le cadre du contrat de plan État/Région et pour la mise en œuvre de leur politique de développement économique et industriel, certaines régions mettent à la disposition des PMI des d'outils de financement compatibles ou favorisant la prise en compte d'une demande environnement.

L'ADEME

L'ADEME (Agence De l'Environnement et de la Maîtrise de l'Énergie) s'est fixé six objectifs :

➤ la maîtrise de l'énergie,

➤ la promotion des technologies propres,

➤ la limitation de la production de déchets,

- la prévention des pollutions et la protection de la qualité de l'air,
- la lutte contre les nuisances sonores,
- la prévention de la pollution des sols.

À partir d'un fonds alimenté par la TGAP (taxe générale sur les activités polluantes), perçue par le Trésor, l'ADEME est susceptible d'apporter des aides aux entreprises surtout dans les domaines des déchets, du bruit et de l'énergie.

L'ANVAR (Agence Nationale de VAlorisation de la Recherche)

Les aides traditionnelles de l'ANVAR, destinées à favoriser l'innovation, peuvent tout à fait s'appliquer dans le domaine de l'environnement.

Les CRAM

Les entreprises industrielles peuvent dans certains cas bénéficier d'aides financières de la part de leur CRAM pour la modernisation d'équipements qui permettent une meilleure prévention des risques professionnels *(bruit, vapeurs d'huile et de solvants)*.

Il s'agit le plus souvent d'une avance de fonds *(30 à 40 %)* au moyen d'un contrat dit « *de prévention* » pour un projet de 2 à 3 ans.

En fonction du bilan présenté à l'issue du programme, soit ces sommes se transforment en subvention si celui-ci est considéré comme un succès, soit elles font l'objet d'un remboursement *(taux d'intérêt CODEVI)* dans le cas contraire.

L'Administration fiscale

Les entreprises qui construisent des immeubles, par nature ou par destination (au sens juridique des articles 517 à 526 du Code Civil), à des fins d'épuration des eaux industrielles ou de lutte contre les pollutions atmosphériques peuvent pratiquer, dès l'achèvement de ces constructions, un amortissement exceptionnel égal à 100 % de leur prix de revient sur 12 mois.

Les autres matériels affectés au même usage ouvrent droit à l'amortissement dégressif dans les conditions ordinaires. L'administration se montre en outre libérale dans l'appréciation de la durée d'utilisation, nonobstant la durée théorique d'amortissement du bien.

Les matériels d'amélioration acoustique d'installations de production peuvent, sous certaines conditions, faire l'objet d'un amortissement exceptionnel sur 12 mois, à compter de leur mise en service.

Remarque

L'ensemble des aides financières évoquées ci-dessus est attribué selon des modalités différentes selon les organismes et, parfois même, selon les régions. Néanmoins, on peut dégager quelques grandes lignes relatives aux conditions de leur attribution communes, sinon à toutes, du moins à la plupart ; en règle générale ces aides :

– ne peuvent financer des investissements liés à une obligation légale ou réglementaire,

– s'adressent plutôt aux PMI, (moins de 250 salariés),

– concernent plus facilement le financement des études que l'achat de matériels ou d'équipements,

– ne prennent en charge qu'une partie du coût d'un projet, le plus souvent de 30 à 50 %, il existe parfois même des plafonds,

– peuvent prendre la forme de subventions ou d'avances remboursables à des taux préférentiels.

---

3. LE SYSTÈME DE MANAGEMENT ENVIRONNEMENTAL : QUELS OBJECTIFS ?

S'engager dans une démarche environnementale, construire un système de management environnemental (SME) c'est choisir de travailler en toute transparence sur quatre axes.

Un axe législatif et réglementaire

La législation et la réglementation constituent une des bases du système de management environnemental. Ce domaine est riche, et complexe. Le responsable environnement aura en charge la veille législative et réglementaire qui va nécessiter d'identifier, de lister tous les documents applicables dans l'entreprise, compte tenu de :

> sa localisation

> ses activités

> ses process

> les produits utilisés et/ou stockés.

Les amendes pour infractions peuvent être élevées et induire des sanctions d'emprisonnement des dirigeants !

Un axe prévention de la pollution

L'entreprise génère au travers de ces activités des impacts sur l'environnement. Une démarche environnementale va conduire chaque société à identifier et à maîtriser ses impacts significatifs négatifs : pollutions de l'eau et de l'air, consommation d'énergie et d'eau, nuisances olfactives et sonores, pollutions par les déchets…

Cette volonté de prévention de la pollution est un aspect technique du management environnemental. Il faut évaluer, quantifier méthodiquement les impacts (c'est l'analyse environnementale initiale) puis les éliminer/réduire/maîtriser.

Cela induit parfois de modifier ses process et/ou mettre en place des dispositifs pour en limiter les conséquences.

La maîtrise des risques est comme pour la sécurité au cœur du système. La direction ne veut plus subir, ou vivre dans le doute mais être rassurée sur la capacité de l'organisation à identifier les risques et les réduire à un niveau acceptable. C'est son image qu'elle préserve.

Un axe amélioration des performances

Comme le système qualité, le SME engage l'entreprise dans une logique d'amélioration continue de ses performances environnementales. Parmi les axes d'amélioration, citons l'enjeu économique lié à la fois aux réductions de consommations d'énergies, à l'optimisation de déchets et à la valeur en bourse de l'entreprise.

Un axe de conservation du patrimoine de l'entreprise industrielle

Ce dernier domaine s'articule autour de 4 points :

Celui de la disponibilité foncière (la méconnaissance du statut foncier d'une emprise cadastrale peut avoir des conséquences gênantes en cas de projet d'agrandissement). De plus, la découverte tardive de la pollution d'un sol acheté peut empêcher l'obtention d'une autorisation préfectorale nécessaire à l'exploitation, obliger l'acquéreur à assurer la dépollution du site à sa charge ou rendre difficile voire impossible la revente ultérieure du terrain.

Il faut aussi prendre en compte l'importance des investissements que peuvent représenter les mises en conformité de l'appareil de production notamment sous la contrainte de l'administration (changement de process, station d'épuration, gestion des déchets).

La valorisation de l'image de marque de l'entreprise en interne et en externe est aussi un élément clé : une prise en compte satisfaisante de l'environnement permet souvent d'observer une valorisation de l'entreprise aussi bien par les clients, la collectivité, l'administration. Le personnel, sensibilisé par les médias, est souvent fier d'appartenir à une entreprise soucieuse de l'environnement.

Enfin, en quatrième point, abordons **les conséquences en terme de responsabilité pénale et de risque commercial.** En cas de délit constaté, la condamnation d'une entreprise pour pollution ou manquement aux obligations légales en la matière, peut provoquer des dysfonctionne-ments temporaires graves, que ce soit au niveau de la production ou du management, sans parler de l'impact auprès des parties intéressées et le versement d'une amende.

Exemple

Ainsi en 2002, dans le seul département de la Seine & Marne, la DRIRE a constaté un certain nombre d'infractions ayant donné lieu à :

— 189 arrêtés de mise en demeure.

— 133 sanctions administratives.

— 16 sanctions pénales.

— 14 consignations.

— 4 suspensions de fonctionnement.

— 4 fermetures d'installations.

— 2 travaux d'office.

Par ailleurs, l'exploitation d'une installation sans autorisation est punie d'une amende de 75 000 € et/ou d'un emprisonnement d'un an. La loi prévoit également différentes sanctions administratives, telles que l'exécution d'office aux frais de l'exploitant, la consignation d'une somme corres-pondant au montant des travaux prescrits et, le cas échéant, la suspension d'activité.

En outre, des poursuites pénales peuvent être engagées, assorties éventuel-lement des procédures d'injonction et d'exécution d'office. L'obstacle à l'exercice d'inspection donne lieu à une amende de 15 000 € et/ou à un emprisonnement d'un an.

Il convient de préciser que, sur le terrain, ce sont les DRIRE qui sont chargées du respect de l'ensemble des mesures relatives à l'environnement applicables au domaine industriel, en particulier la réglementation des installations classées.

À cet égard, il est bon d'avoir présent à l'esprit que la tendance actuelle des inspecteurs chargés de la surveillance des installations classées s'oriente vers une plus grande rigueur, voire sévérité, à l'encontre des contrevenants.

4. QUEL EST LE CONTEXTE JURIDIQUE ?

Une entreprise qui envisage de mettre en place un SME, surtout si elle entend le faire certifier ultérieurement, doit être conforme à la législation et à la réglementation environnementale en vigueur la concernant.

Il convient donc au préalable que l'entreprise maîtrise bien le sujet et ait identifié les principaux textes la concernant.

La hiérarchie des textes

Il existe un grand nombre de textes réglementaires. Cette abondance nous amène à rappeler le Principe de KEELSEN : « *Toute règle juridique tire sa légitimité de sa conformité à la norme qui lui est supérieure* ».

La hiérarchie des normes juridiques a existé de tout temps et partout dans le monde. Si l'on souhaite s'y retrouver, il faut donc comprendre comment cette hiérarchie s'organise. La connaissance de quelques principes simples permet d'y parvenir :

➤ **le droit international** l'emporte sur le droit interne ;

➤ **le droit français** distingue la loi du règlement ;

- la loi définit les règles générales et les principes fondamentaux applicables dès les décrets d'applications

- le règlement est édicté par le pouvoir exécutif ; il peut s'agir d'un décret ou d'un arrêté

> ➤ **la valeur respective des différents textes réglementaires : du décret à la circulaire.**

- Le décret provient du premier ministre ou du Président de la république.

- Les arrêtés viennent des ministres, préfets ou mairies.

- L'arrêté interministériel, souvent signé en conseil des ministres, dont le contenu concerne deux ou plusieurs ministères.

- L'arrêté ministériel, pris au niveau d'un seul ministère.

- L'arrêté préfectoral, pris à l'échelon du département, soit sur injonction d'une décision gouvernementale (décret) ou ministérielle (arrêté ministériel), soit à l'initiative seule du préfet au titre de sa fonction de représentant de l'État au niveau du département et ce, en vertu du principe dit « de la déconcentration administrative ».

- L'arrêté municipal, pris par le Maire en conseil municipal à l'échelon de la commune.

- Il existe aussi la circulaire ou instruction ministérielle ; il s'agit d'un acte destiné en général à l'administration dont la portée est en principe plutôt celle d'un administratif que réellement réglementaire. Compte tenu de la fonction de son auteur et de son rang, la circulaire a parfois, de fait, une influence sur le contenu des arrêtés préfectoraux par exemple.

Remarque

Pour les entreprises industrielles ce sont les actes réglementaires qui ont l'impact le plus important et parmi eux, ce sont les arrêtés, en particulier ministériels et préfectoraux, qui doivent être suivis avec attention par les chefs d'entreprise et les responsables environnement.

Principaux textes en environnement relevant du droit international et européen

Certaines dispositions internationales et européennes peuvent avoir, par leur contenu et leur portée, une influence considérable sur un secteur industriel particulier.

> **Exemple**
>
> *Les États participant à la conférence de Vienne (décembre 1995) ont décidé d'interdire progressivement l'utilisation du bromure de méthyle et des HCFC. (hydrochloroflurocarbure) encore utilisés. Bien que certains solvants chlorés largement utilisés en mécanique, tels que le trichloréthylène, le perchloréthylène et le chlorure de méthylène, ne soient pas expressément cités dans les accords mentionnés ci-dessus, nombreux sont ceux qui pensent que leur avenir s'assombrit considérablement, etc.*

Signalons également :

Dans le domaine de la sécurité

➤ **La directive SEVESO II** du 9 décembre 1996 concernant la maîtrise des dangers liés aux accidents majeurs impliquant des substances dangereuses.

Cette directive s'est substituée, le 3 février 1999, à la directive SEVESO du 24/06/82.Elle a notamment été transposée en droit français à travers les modifications du décret du 21/09/77 et de la nomenclature des installations classées. Elle prévoit notamment :

➤ l'existence de servitudes d'utilité publique,

➤ une étude de sûreté (revue critique de l'étude de danger),

➤ l'obligation d'établir un plan d'opération interne (POI).

Par rapport à la directive SEVESO de 1982, les obligations de l'exploitant ont été renforcées et l'Administration peut désormais prononcer des mesures d'interdiction d'exploitation ou de mise en exploitation, en cas d'insuffisance des mesures de prévention ou en cas d'absence de transmission des notifications, rapports de sécurité ou autres obligations d'information prescrites par la directive.

La directive de 1996 repose sur la distinction de deux catégories, les établissements à risques dits « seuil bas », d'une part et les établissements à hauts risques, d'autre part. dits « seuil haut ».

➤ **La directive de septembre 1996, dite « IPPC »**, relative à la prévention et à la réduction intégrée de la pollution. (IPPC signifie *Integrated Pollution Prevention and Control ;* il existe également un sigle français : PRIP – *Prévention et Réduction Intégrées de la Pollution*).

Son principe essentiel est de soumettre les installations polluantes à une autorisation préalable destinée à réduire les déchets ainsi que les émissions dans l'air, l'eau et le sol.

La très grande partie des dispositions qu'elle fixe existe déjà en France dans la réglementation des installations classées pour la protection de l'environnement régie par l'ancienne loi de 1976 (développée plus loin) aujourd'hui abrogée et codifiée au Titre I du Livre V « Prévention des pollutions, des risques et des nuisances » du code de l'environnement.

Elle a été incorporée en droit français par le biais d'une modification du décret du 21/09/77 en date du 20/03/00.

➤ **Le projet de règlement REACH** (Registration, Evaluation and Autorisation of Chemicals) adopté sur le principe le 29/10/2003 et dont l'application est attendue pour début 2007.

Dans le domaine de l'air

➤ La Conférence de Kyoto en décembre 1997 pendant laquelle les 159 pays présents ont décidé une réduction moyenne des émissions de gaz à effet de serre de 5,2 % d'ici 2012. L'effort le plus grand sera fourni par les pays de l'Union européenne (-8 %), les États-Unis (– 7 %) et le Japon (– 6 %).

➤ La directive du Conseil du 11/03/99 imposant aux États membres de prendre des dispositions législatives, réglementaires et administratives nécessaires en vue de la réduction des effets directs et indirects des émissions de COV, principalement dans l'air, dues à l'utilisation de solvants organiques dans certaines activités et installations.

➤ Le règlement du Parlement européen et du Conseil du 29/06/00 relatif à des substances qui appauvrissent la couche d'ozone. Il s'est directement incorporé en droit français.

➤ La directive du Conseil du 13/10/03 établissant un système d'échange de quotas d'émission de gaz à effet de serre dans la Communauté.

Dans le domaine des déchets

➤ La directive du 15/07/75, qui définit le concept d'élimination des déchets ainsi que celui de leur valorisation et qui introduit le principe « pollueur = payeur ».

➤ Le règlement du 01/02/93 concernant la surveillance et le contrôle des transferts de déchets à l'entrée et à la sortie de la Communauté européenne.

Dans le domaine de l'eau

➤ La directive du 16 juin 1975 concernant la qualité requise des eaux superficielles destinées à la production d'eau alimentaire.

Les principaux textes environnementaux en droit français

Nous avons vu comment s'organise, dans les grandes lignes, la hiérarchie des textes juridiques en fonction de leur nature.

En matière d'environnement, les entreprises sont confrontées souvent à la loi, toujours au règlement *(décret, arrêté, circulaire, etc.)*.

Sans prétendre à une quelconque exhaustivité, il convient de distinguer les principaux d'entre eux, selon leur domaine d'application : des dispositions sectorielles (par métier), des dispositions transverses ; des dispositions thématiques par milieu et nuisances (l'eau, l'air, les déchets, le sol, le bruit).

Les textes sectoriels

Quelques textes ont des portées significatives à l'égard d'une profession particulière.

Par exemple, il en est ainsi de :

➤ l'arrêté du 26/09/85, relatif aux ateliers de traitement de surface. Ce texte régit véritablement la profession du TS sur le plan de l'environnement ;

Il prévoit notamment des normes très strictes de rejets, en particulier liquides, en instaurant une triple limite : en terme de débit, de concentration et de flux ;

Il est question de réincorporer cet arrêté dans l'arrêté du 02/02/98.

➤ l'arrêté du 16/07/91, concernant les sables de fonderies soumises au régime de l'autorisation. Il précise dans quelles conditions ces sables peuvent être éliminés ou valorisés ;

➤ les circulaires du 04/02/87 et du 21/06/00 et l'arrêté du 05/08/02 relatifs aux entrepôts fixe notamment les mesures constructives devant être respectées ;

➤ l'arrêté du 10 janvier 1994 régit les conditions d'implantation et les règles d'aménagement des dépôts nouveaux d'engrais simples solides à base de nitrates ou engrais composés à base de nitrates ;

➤ l'arrêté du 29/05/00 dresse la liste des prescriptions applicables aux installations classées soumises à déclaration sous la rubrique « atelier de charge d'accumulateurs » ;

➤ l'arrêté du 06/01/94 fixe les prescriptions applicables à l'industrie papetière. Il a été complété par un arrêté du 03/04/00.

Les textes transversaux

Le code de l'environnement

Ce code a été publié par l'ordonnance 2000-914 du 18 septembre 2000. Il se compose de 6 livres :

➤ livre 1 : dispositions communes

➤ livre 2 : milieux physiques (eaux et air)

➤ livre 3 : espaces naturels

➤ livre 4 : faune et flore

➤ livre 5 : prévention des pollutions, des risques et des nuisances. Il constitue le droit commun de la législation afférente aux installations classées. Il consacre le principe d'une procédure de déclaration ou d'autorisation des installations susceptibles selon l'article L511.1 « *de présenter des inconvénients pour la commodité du voisinage, la protection de la nature et de l'environnement* » (c'est-à-dire un grand nombre d'industries !). Il régit donc les conditions d'ouverture, d'exploitation et de fermeture des entreprises industrielles qui peuvent provoquer des nuisances du fait de leur présence ou de leur fonctionnement ; il concerne en particulier la production, la gestion et l'élimination des déchets par l'entreprise

➤ livre 6 : dispositions applicables en Nouvelle-Calédonie, polynésien, dans les Terres australes et antarctiques françaises et à Mayotte.

Le décret du 21/09/77

Il précise les conditions d'application du Titre I du Livre V et notamment détermine la nomenclature des installations classées qui a comporté jusqu'à 400 rubriques et à laquelle sont soumis les industriels. Cette nomenclature fait l'objet d'une refonte progressive afin d'être simplifiée. Les dernières modifications sont parues dans le décret du 13/9/2005, mais l'ancienne et la nouvelle nomenclature coexistent actuellement. Ainsi, le classement par ordre alphabétique est peu à peu remplacé par un classement thématique, les rubriques 1 000 correspondant aux produits et 2 000 aux activités.

Selon la gravité des nuisances qu'elles peuvent engendrer, deux types d'installations sont distingués :

➤ celles présentant les risques ou les inconvénients les plus importants sont soumises à une procédure d'autorisation préfectorale précédée d'une étude d'impact et d'une étude de danger. Cette autorisation fixe les prescriptions techniques d'exploitation ;

➤ celles présentant des inconvénients moindres sont soumises à une procédure de déclaration à la préfecture et doivent respecter des prescriptions générales d'exploitation préétablies, dites « arrêtés-types » Une taxe unique est perçue lors de toute autorisation ou déclaration.

L'arrêté du 02/02/98

Relatif aux prélèvements d'eau et aux rejets de toute nature des installations classées pour la protection de l'environnement soumises à autorisation, l'arrêté du 02/02/98 fixe l'ensemble des mesures relatives à l'élimination des déchets et à l'auto-surveillance des rejets, ainsi que les normes afférentes. Il permet en outre d'assurer une conformité avec plusieurs directives européennes.

Cet arrêté de 98 a été plusieurs fois modifié (dernière modification en date du 18/12/03) afin de développer, notamment, les prescriptions relatives à la pollution de l'air (COV et solvants) et à l'épandage.

D'autres textes transversaux

D'autres textes transversaux importants sont à noter :

➤ L'arrêté du 10/05/00 relatif à la prévention des accidents majeurs impliquant des substances ou des préparations dangereuses présentes dans certaines catégories d'installations classées pour la protection de l'environnement soumises à autorisation.

➤ La circulaire du 25/09/01 relative aux procédures d'instruction des dossiers de DAE.

➤ La loi du 30/07/03 relative à la prévention des risques technologiques et naturels et à la réparation des dommages (dite Loi Bachelot).

– L'arrêté du 29/06/04 imposant à certains établissements de réaliser un bilan décennal de fonctionnement.

Les textes thématiques

L'eau

Le texte fondamental en l'espèce est la loi du 03/01/92, dont l'objet est la gestion équilibrée de la ressource en eau et qui vise à assurer :

➤ la préservation des écosystèmes aquatiques,

➤ la protection contre toute pollution,

➤ le développement et la protection de la ressource en eau,

➤ la valorisation de l'eau comme ressource économique et la répartition de cette ressource.

La police et la gestion des eaux passent désormais par des schémas directeurs d'aménagement et de gestion des eaux, fixant pour chaque bassin des orientations fondamentales d'une gestion équilibrée de la ressource en eau.

Ces schémas sont élaborés à l'initiative du préfet coordinateur de bassin, par le comité de bassin compétent dans un délai de 5 ans, à compter de la date de la publication de la loi.

Ils définissent les objectifs généraux d'utilisation, de mise en valeur et de protection des ressources en eaux superficielles et souterraines et des écosystèmes aquatiques, ainsi que de préservation des zones humides.

Remarque

L'article 11 de la loi modifiée par celle du 02/02/95 prévoit désormais que les règles applicables aux installations classées ayant un impact sur le milieu aquatique seront exclusivement fixées dans le cadre du Titre I du Livre V du Code de l'environnement.

L'article 12 stipule que les installations soumises à autorisations ou à déclaration comme prévu à l'article 10 de la loi ou au titre du Titre I du Livre V du Code de l'environnement sur les installations classées, « permettant d'effectuer à des fins non domestiques des prélèvements en eau superficielle ou des déversements, ainsi que toute installation de pompage des eaux souterraines doivent être pourvues de moyens de mesure ou d'évaluation appropriés. Elles sont tenues d'en assurer la pose et le fonctionnement, de conserver 3 ans les données correspondantes et de tenir celles-ci à la disposition de l'autorité administrative. Les installations existantes doivent être mises en conformité avec ces dispositions dans un délai de 5 ans ».

L'air

La pollution atmosphérique extérieure

Le premier texte la réglementant est la loi-cadre du 02/08/61 (aujourd'hui abrogée et codifiée au Livre II titre II du Code de l'Environnement) qui pose les principes de base.

On peut également citer :

➤ le décret du 13/05/74 modifié par celui du 18/04/96, fixant les dispositions générales relatives à la qualité de l'air ainsi que celles qui sont applicables aux installations fixes d'incinération, de combustion ou de chauffage ; il donne les niveaux de concentration des principaux polluants dans l'atmosphère qui ne doivent pas être dépassés :

- l'anhydride sulfureux,
- les particules en suspension,

- le plomb,
- le dioxyde d'azote,
- l'ozone.

➤ l'arrêté du 27/06/90 modifié par celui du 25/04/95, prévoyant la limitation des rejets atmosphériques des grandes installations de combustion et les conditions d'évacuation de leurs rejets.

Si ce sont des installations classées elles sont soumises à des arrêtés préfectoraux qui imposent des valeurs limites d'émission de polluants, déterminées par la DRIRE, notamment par référence à l'arrêté du 02/02/98.

Certaines activités ne sont pas visées par la nomenclature des installations classées, elles relèvent alors du contrôle de la DDASS.

Doivent par ailleurs être pris en compte :

➤ Le décret du 7/12/92 impose la récupération et le recyclage des fluides frigorigènes et leur réutilisation, suite à l'arrêt de la production de CFC décidé au plan international.

➤ Un arrêté du 8/12/95 fixant les règles relatives à la lutte contre les émissions de composés organiques volatils (COV) résultant du stockage de l'essence et de sa distribution, des terminaux aux stations-service.

➤ La loi du 30 décembre 1996 (aujourd'hui abrogée et également codifiée au Titre II du Livre II du Code de l'Environnement) sur l'air et l'utilisation rationnelle de l'énergie remplace la loi du 2 août 1961 à l'exception des dispositions relatives aux pollutions par les substances radioactives.

Elle énonce le principe du droit de chacun à respirer un air qui ne nuise pas à sa santé.

De nombreux décrets d'application sont nécessaires pour rendre effectives toutes les dispositions de la loi (notamment celle qui prévoit la limitation des émissions de COV : composés organiques volatils).

Certains sont déjà en cours d'élaboration et l'arrêté du 02/02/98 a déjà été modifié afin de prescrire de nouvelles valeurs limites d'émission de COV.

➤ L'arrêté du 12/01/00 impose le contrôle d'étanchéité des éléments assurant le confinement des fluides frigorigènes utilisés dans les équipements frigorifiques et climatiques.

➤ L'arrêté du 29/05/00 créant un article 28-1 dans l'arrêté du 02/02/98 relatif aux plans de gestion des solvants à mettre en place dans les installations consommant plus d'une tonne de solvants.

➤ La circulaire du 23/12/03 relative aux Installations classées leur impose la réalisation de schémas de maîtrise des émissions de composés organiques volatils.

➤ Le décret du 19/08/04 relatif au système d'échange de quotas d'émissions de gaz à effet de serre.

La pollution atmosphérique des lieux de travail

Une réglementation fixe les principes d'aération et d'assainissement de l'air des locaux fermés où travaille le personnel.

Outre l'article L 231-2 du Code du travail, on peut mentionner :

➤ le décret du 07/12/84, qui fixe les règles générales en la matière que doivent respecter les chefs d'établissement ;

➤ l'arrêté du 08/12/87, prévoyant un contrôle périodique par le chef d'établissement des installations d'aération et d'assainissement des locaux de travail.

On a ainsi établi des valeurs limites pour certains polluants regroupées notamment dans un document élaboré par l'INRS :

Les déchets

Il convient de présenter le texte fondamental en la matière, le Titre IV du Livre V du Code de l'Environnement (ancienne loi de 1975) et les articles 22-1 à 22-3 (non codifiés) de la loi du 15 juillet 1975.

Le Titre IV du Livre V du Code de l'Environnement et ses textes d'application

Ce texte fixe le cadre législatif de l'élimination des déchets et la récupération des matériaux et confirme le principe « pollueur = payeur ».

Ce texte essentiel concerne tous les types de déchets et l'ensemble des activités qui s'y rapportent (collecte, transport, stockage, tri, traitement, dépôt ou rejet dans le milieu naturel, valorisation).

Il est à l'origine de la classification des décharges, maintenant appelées CET (Centre d'Enfouissement Technique), selon l'imperméabilité décroissante des terrains sous-jacents :

➤ les CET de classe 1, les moins perméables, stockent les déchets spéciaux stabilisés ;

➤ les CET de classe 2 ou CSDU (centre de stockage de déchets ultimes) accueillent, depuis le 1er juillet 2002 et conformément à la réglementation du 13 juillet 1992, uniquement des ordures ménagères ou DIB (déchets industriels banals) ultimes. Ceux-ci sont définis comme des déchets qui ne sont plus susceptibles d'être traités dans les conditions techniques et économiques du moment, notamment par extraction de la part valorisable ou par réduction de leur caractère polluant ou dangereux.

➤ les CET de classe 3 ne peuvent recevoir que des déchets inertes.

Par ailleurs, les principales autres dispositions du texte figurent aux articles suivants :

➤ l'article L.541-2 fait obligation au producteur ou détenteur de déchets d'en assurer ou d'en faire assurer l'élimination dans des conditions qui ne risquent pas de porter atteinte à l'environnement ; cette obligation fonde le principe de la responsabilité du producteur de déchets qui doit pouvoir justifier de leur destination finale ;

➤ l'article L.541-3 assure le droit à l'information du public sur les effets préjudiciables à la santé et à l'environnement des déchets produits, de même que sur les mesures prises pour pallier ces effets ;

➤ l'article L.541-7 prévoit pour les producteurs, collecteurs, transporteurs, importateurs, exportateurs et éliminateurs de certaines catégories de déchets industriels, l'obligation de fournir aux services chargés du contrôle de diverses informations précisées par le décret du 19/08/77 ;

➤ l'article L.541-22 prévoit l'élimination de certains déchets exclusivement dans des établissements agréés.

En outre, la section 2 du chapitre II dote l'administration des plus larges pouvoirs d'investigation en matière de contrôle sur l'origine, la nature et la destination des déchets produits.

Enfin, le gouvernement peut réglementer les modes d'utilisation de matériaux et même imposer l'emploi d'un minimum de matériaux de récupération dans la fabrication de certains produits.

En pratique cela se réalise le plus souvent par des accords sectoriels.

En cas de non-respect de la loi, l'élimination correcte est assurée aux frais du producteur de déchets par une procédure d'exécution d'office ou de consignation. De plus, la loi prévoit une amende de 75 000 €, ainsi qu'une peine de prison de 2 mois à 2 ans.

Enfin, les détenteurs de déchets sont responsables vis-à-vis des tiers des dommages pouvant être causés par les déchets.

Quelques textes d'application

➤ Le décret du 19/08/77 assujettit les entreprises qui produisent, transportent ou éliminent certains déchets, à la tenue d'un registre, à l'envoi périodique d'une déclaration ou à l'établissement d'une déclaration de chargement précisant en particulier les modalités d'élimination prévues pour les déchets transportés.

➤ L'arrêté du 04/01/85, relatif au contrôle des circuits d'élimination de déchets générateurs de nuisances, a mis en place deux procédures :

• la remise à un tiers des déchets concernés au-delà d'une certaine quantité nécessite l'émission d'un bordereau de suivi par le producteur des déchets,

- un registre décrivant les opérations effectuées sur les déchets doit être tenu et transmis régulièrement à l'administration (DRIRE/ service des installations classées) à des fins statistiques et de contrôle (vérification informatique de la cohérence des déclarations fournies).

➤ Le décret du 21/11/79 a instauré l'obligation d'agrément pour le ramassage et l'élimination des huiles usagées. Il est complété par l'arrêté du 29/03/85 précisant les conditions de ramassage des huiles usagées et les deux arrêtés des 19/06/95 et 23/11/95 relatifs à agrément pour l'élimination de ces huiles.

➤ Le décret du 01/04/92, concerne les déchets résultant de l'abandon des emballages, leur récupération et leur élimination (ce texte est à l'origine de la création d'Eco Emballages).

➤ Le décret du 13/07/94 vient compléter le dispositif en matière d'emballages en imposant aux industriels, produisant plus de 1 100 litres de déchets d'emballages par semaine, de les valoriser ou de les faire valoriser par réemploi, recyclage, ou incinération avec récupération d'énergie.

➤ L'arrêté du 9/09/97 afférent aux décharges de déchets ménagers et assimilés intéresse les industriels dans la mesure où les conditions qui encadrent le fonctionnement de ces installations de stockage leur seront répercutées directement ou indirectement. Ce texte reflète l'intention du législateur de renforcer la traçabilité des déchets tout en généralisant le tri à la source.

➤ Le décret du 18/04/02 relatif à la classification des déchets propose une définition du caractère spécial et/ou dangereux d'un déchet industriel d'après son degré d'explosivité, sa propriété comburante, son inflammabilité…

➤ L'arrêté du 30/12/02 relatif au stockage de déchets dangereux actualise l'essentiel des prescriptions techniques appliquées dans ce domaine et intègre les dispositions de la directive 1999/31/CE.

Les articles L.541-16 à L.541-20 et les articles 22-1 à 22-3 de la loi du 15/07/75

Ils ont quatre principaux objectifs :

➤ réduire la production et la nocivité des déchets ;

➤ organiser leur transport en le limitant en distance et en volume ;

➤ assurer l'information du public sur les effets, pour l'environnement et la santé, des opérations de production et d'élimination des déchets.

Deux obligations en découlent :

➤ celle, pour l'exploitant d'une installation d'élimination de déchets, de communiquer tous les documents permettant de mesurer les effets de son installation sur la santé publique et l'environnement, et ceux exposant les mesures prises pour supprimer ou réduire les effets nocifs des déchets.

➤ celle, pour les communes, d'établir des documents permettant d'évaluer les mesures prises pour éliminer les déchets dont elles ont la responsabilité.

Remarque

S'ajoutent à ce dispositif, des textes non spécifiques aux déchets, mais applicables à certains aspects de leur gestion, par exemple :

– L'arrêté du 01/06/01 relatif au transport des marchandises dangereuses par route, dit arrêté ADR.

– La loi du 17/07/77, modifiée le 21/10/82, relative au contrôle des produits chimiques, prévoit que dans le dossier technique accompagnant la déclaration de mise sur le marché d'une substance chimique soient incluses les informations concernant les possibilités d'élimination ou de récupération de cette substance aux divers stades de son utilisation.

– Les textes relatifs à la classification, à l'étiquetage et à l'emballage des produits, en particulier l'arrêté du 20/04/94.

Enfin, ces articles prévoient l'établissement de plans d'élimination nationaux, régionaux et départementaux des déchets, instruments de planification et d'organisation de la gestion de ces derniers permettant d'atteindre l'objectif initialement prévu : « depuis le 01/07/02, les installations de stockage ne sont autorisées à accueillir que des déchets ultimes ».

Le sol

La réglementation en matière de sites et de sols pollués évolue de manière sensible :

➤ Le décret du 09/06/94 renforce l'obligation de remettre en état le site après mise à l'arrêt définitif d'une installation classée et porte création de l'article 34.1 du décret du 21/09/77 modifié.

Cette obligation incombe au dernier exploitant qui doit, en outre :

• déclarer sa cessation d'activité au Préfet au moins un mois avant qu'elle ne soit effective,

• et, pour l'exploitation soumise au régime de l'autorisation, préciser dans un « mémoire de cessation d'activité » l'état du site, en terme de pollution et, le cas échéant, les mesures de remise en état qu'il envisage de réaliser.

➤ Les circulaires des 03/04/96 et 18/04/96 font suite à celle du 03/12/93 sur le traitement et la réhabilitation des sites et sols pollués par des activités industrielles.

➤ L'arrêté du 22/06/98 relatif aux réservoirs enterrés de liquides inflammables et de leurs équipements annexes vise directement la protection des sols en imposant que les réservoirs « simple enveloppe » enterrés doivent être remplacés ou transformés (double paroi ou fosse maçonnée ou détection de fuites…) au plus tard le 31 décembre 2010. Avant leur remplacement ou leur transformation, ils doivent subir un contrôle d'étanchéité tous les cinq ans par un organisme agréé.

➤ La circulaire du 11/03/99 traite de la réhabilitation de sites pollués en cas de défaillance des responsables.

➤ La circulaire du 10/12/99 fixe les objectifs de réhabilitation (mesures d'urgences, évaluation simplifiée et détaillée des risques).

➤ La circulaire du 28/03/03 relative aux installations classées quant à la pollution des sols, la surveillance des eaux souterraines et la mise en sécurité.

➤ La circulaire du 2/07/02 relative à la pollution des sols par les installations classées. Pertinence des mesures prescrites. Mise en cause du détenteur.

Au moyen de ces circulaires, le Ministre de l'environnement permet aux Préfets d'établir, par arrêté complémentaire, des prescriptions en matière de sol (ESR, EDR, dépollution, servitudes publiques). Les anciennes installations soumises à autorisation au titre de la réglementation des ICPE sont particulièrement concernées.

Le bruit

Depuis le 31/12/92, il existe une loi-cadre pour la lutte contre le bruit, créant des devoirs nouveaux pour les aménageurs, constructeurs et promoteurs, élargissant la protection des riverains et occupants de logements.

Au niveau industriel, il convient de tenir compte de deux textes fondamentaux qui coexistent au niveau industriel :

➤ l'arrêté du 20/08/85, relatif aux bruits aériens émis dans l'environnement par les installations classées (Titre I du Livre V du Code de l'Environnement).

➤ l'arrêté du 23/01/97 fixe de nouvelles valeurs limites de bruit à ne pas dépasser pour les installations classées soumises à autorisation.

Ce texte introduit en particulier la notion d'émergence. Cet arrêté ne remet pas fondamentalement en cause celui de 1985. En effet, ce dernier reste généralement applicable aux installations existantes déclarées ou autorisées avant le 1er juillet 1997. À partir de cette date, les installations relèvent du texte de 1997, seul ou en complément de celui de 85 quand les conditions locales, les circonstances limitent l'utilisation de celui-ci.

Quelles conséquences pratiques pour les industriels ?

L'entreprise, tout au long de sa vie, évolue. De sa création à son éventuelle cessation d'activité, elle peut connaître un fort développement ou au contraire un ralentissement de ses activités. Elle peut également fonctionner pendant une longue durée, durant laquelle la législation peut être amenée à évoluer. À chacun de ces moments forts, la réglementation environnementale est susceptible d'impacter la vie de l'entreprise.

Lors de la création ou du fort développement d'une activité

Nous avons vu que la plupart des entreprises industrielles sont soumises à la réglementation des installations classées. (Livre V du Code de l'Environnement et le décret d'application de 1977).

Ainsi, lors d'un projet de création d'une installation, la nomenclature des installations classées permet de déterminer si cette installation est soumise au régime de :

> ➤ **La déclaration.** Dans ce cas, l'exploitant doit adresser au Préfet une déclaration avant la mise en service de l'installation. Ce dernier délivre un récépissé de la déclaration auquel il joint des arrêtés-types. Le déclarant peut alors commencer son exploitation.

> ➤ **L'autorisation.** Dans ce cas, la procédure à suivre est longue et complexe. L'exploitant doit d'abord adresser au Préfet un dossier de demande d'autorisation d'exploiter. Ensuite, cette demande sera soumise à enquête publique et fera l'objet d'une consultation des services administratifs ainsi que des collectivités locales concernées et autres associations (conseil départemental d'hygiène CDH). Enfin, le Préfet délivrera l'autorisation par un arrêté assorti de prescriptions adaptées.

Le dossier de demande d'autorisation doit notamment comporter :

> ➤ **Une étude d'impact.** Pour être considérée comme satisfaisante elle doit approfondir les quatre points prévus par le décret du 21/09/77, à savoir :

- L'analyse de l'état initial du site.

- La présentation des raisons du choix du projet et l'évaluation de ses effets sur l'environnement (eau, air, déchets, risques sanitaires, sol, bruit).

- L'étude des mesures envisagées pour supprimer ou compenser les conséquences dommageables du projet sur l'environnement (y compris celles liées aux déchets).

- L'estimation des dépenses correspondantes.

➤ **Une étude de danger.** Les points suivants doivent notamment y être développés :

- L'identification des accidents possibles.

- L'évaluation des conséquences que ces derniers pourront engendrer.

- La justification des mesures de prévention et de protections retenues.

- La description des méthodes et des moyens d'intervention en cas d'accident.

Selon l'arrêté du 28/01/93, pour certaines installations, cette étude doit intégrer celle de la protection contre les effets de la foudre.

En outre, une fois que l'installation est déclarée ou autorisée, toute modification entraînant « un changement notable des éléments du dossier » doit être communiqué au Préfet avant la réalisation ; ce dernier pouvant alors fixer de nouvelles prescriptions.

Pendant le fonctionnement de l'installation

Nous aborderons ici les recommandations à caractère obligatoire.

Pour toutes les installations

Les déchets : la totalité des arrêtés-types de la nomenclature insiste sur la nécessité d'éliminer les déchets dans des installations agréées à cet effet (cf. le principe des CET 1 & 2 vu précédemment) et exige que l'exploitant soit en mesure de le justifier.

Concrètement cela revient à imposer à l'industriel de tenir à jour un registre pour l'élimination de ses déchets (les factures ne suffisant pas) mettant en évidence :

➢ la nature des déchets (DIB ou DIS : déchets industriels banals ou déchets industriels spéciaux),

➢ leur quantité,

➢ la fréquence de leur enlèvement,

➢ l'identité de l'éliminateur,

➢ leur destination, etc.

Par ailleurs, le renchérissement constant et substantiel de l'élimination des déchets, que ce soit au niveau du transport ou de l'élimination elle-même amène de plus en plus d'industriels à prendre des mesures pour contenir ce poste de dépenses, on peut citer principalement :

➢ Le tri des déchets en vue de la réutilisation de certains d'entre eux.

➢ Le recyclage, c'est-à-dire la réutilisation d'un déchet dans sa fonction initiale après un traitement approprié (le verre ou l'aluminium par exemple).

➢ La valorisation, c'est-à-dire la réutilisation d'un déchet, en tant que matière première, pour un autre usage que sa fonction initiale (transformation de matières plastiques en bacs à fleurs ou bancs publics ou encore valorisation thermique par incinération avec récupération de chaleur ou de vapeur, etc.).

➢ La mise en place de technologies propres.

Le décret du 13/07/94 vient compléter le dispositif en matière d'emballages en imposant aux industriels, produisant plus de 1 100 litres de déchets d'emballages par semaine, de les valoriser ou de les faire valoriser par réemploi, recyclage, ou incinération avec récupération d'énergie.

Le contrôle des rejets atmosphériques

La plupart des arrêtés-types interdisent d'émettre dans l'atmosphère des fumées, poussières, suies ou gaz odorants, toxiques ou corrosifs susceptibles d'incommoder le voisinage ou de nuire à la santé publique, à la bonne conversation des monuments ou encore à la beauté des sites.

Là encore, les industriels se doivent de mettre en place de plus en plus des dispositifs de captation des gaz, vapeurs et poussières ainsi que des systèmes d'épuration.

Le retraitement des eaux résiduaires

De même la réglementation des installations classées stipule que tout rejet, déversement, écoulement, direct ou indirect d'effluents liquides dans le milieu ou dans un réseau d'assainissement collectif doit faire l'objet d'un traitement approprié. Cette disposition, de plus en plus suivie par les inspecteurs des installations classées, oblige les industriels concernés à se doter de moyens de retraitement des effluents (technologies propres ou station d'épuration).

De plus, tout déversement d'eaux usées autres que domestiques dans les égouts publics doit être préalablement autorisé par la collectivité à laquelle appartiennent les ouvrages qui seront empruntés par les eaux usées avant de rejoindre le milieu naturel (C. santé publ., art. L. 35-8).

L'article 13 de l'arrêté du 02/02/98 impose que les réseaux de collecte des effluents séparent les eaux pluviales (et les eaux non polluées s'il y en a) et les diverses catégories d'eaux polluées. Ainsi les réseaux séparatifs sont devenus obligatoires.

Les enceintes de rétention

Les entreprises soumises à la réglementation des installations classées doivent toutes être équipées de façon que leurs cuves, citernes et réservoirs contenant des produits susceptibles de produire une pollution (liquides inflammables ou toxiques) soient munis d'une capacité de rétention dont le volume est au moins égal à la plus grande des deux valeurs suivantes :

➤ 100 % de la capacité du plus grand réservoir ;

➤ 50 % de la capacité globale des réservoirs associés.

Le bilan décennal

Certains établissements industriels soumis à autorisation sont tenus, conformément à un arrêté du 29/06/04, de présenter au préfet un bilan de fonctionnement, en vue de lui permettre de réexaminer et d'actualiser, si nécessaire, les conditions de l'autorisation et ce, tous les dix ans.

Pour les installations soumises à autorisation

L'auto-surveillance

Deux exemples :

➤ L'arrêté du 26/09/85, qui oblige les ateliers de traitement de surface soumis à autorisation (>1 500 l) à effectuer une auto-surveillance de leurs effluents liquides et atmosphériques.

➤ L'arrêté du 02/02/98, relatif aux prélèvements d'eau et aux rejets de toute nature des installations classées pour la protection de l'environnement soumises à autorisation, qui fixe l'ensemble des mesures relatives à l'élimination des déchets et à l'auto-surveillance des rejets, ainsi que les normes afférentes.

Dans ces deux cas et dans bien d'autres, l'industriel doit se doter de moyens importants de contrôle, d'analyse et de traitement ; sans compter le recours complémentaire à des laboratoires d'analyses extérieurs, dans le cadre de la validation des procédures d'auto-surveillance.

La pollution des sols

Par arrêté complémentaire, les Préfets peuvent demander aux exploitants d'installations classées, en particulier celles qui sont soumises à autorisation, la réalisation d'une « étude des sols » et d'une « évaluation simplifiée des risques » (circulaire du 03/04/96).

L'objectif de ces travaux est :

➤ Dans un premier temps, de recenser et sélectionner les sites potentiellement pollués pouvant notamment porter atteinte à la qualité des eaux souterraines utilisées pour l'alimentation en eau potable.

➤ Dans un second temps, de les surveiller et si nécessaire de les traiter.

L'étude des sols comprend une analyse :

➤ De l'exploitation actuelle et passée du site afin d'identifier les sources potentielles de pollution.

➤ De la sensibilité des différents milieux naturels (sol, eaux souterraines, etc.) et de la vulnérabilité du contexte humain dans lequel le site s'insère.

Elle est généralement complétée par la réalisation de prélèvements et d'analyses de sol.

L'ensemble des informations ainsi collectées fait l'objet d'une notation dont le résultat constitue l'évaluation simplifiée des risques.

Lors d'une cessation d'activité

Pour toutes les installations. Au titre de l'article 34.1 du décret du 21/09/77 (modifié par le décret du 09/06/94), lorsqu'une installation classée est mise à l'arrêt définitif, son exploitant doit remettre le site « dans un état tel qu'il ne s'y manifeste aucun des dangers ou inconvénients mentionnés à l'article L.511-1 du Titre I du Livre V du Code de l'Environnement ». En outre, il doit signaler cette cessation au Préfet au moins un mois avant qu'elle ne soit effective.

Pour les installations soumises à autorisation. L'exploitant doit également transmettre au Préfet un « mémoire de cessation d'activité » portant sur l'état du site en terme de pollution et précisant, le cas échéant, les mesures prises ou prévues pour y remédier. Dans ce cadre, l'exploitant sera souvent amené à réaliser un audit de sol complet comprenant, en plus de l'étude des sols et de l'évaluation des risques précisés ci-dessus, la recherche d'une (ou plusieurs) solution(s) et l'établissement d'un programme global de remise en état du site.

5. QUELS SONT LES PRINCIPAUX RÉFÉRENTIELS DE MANAGEMENT ENVIRONNEMENTAL ?

Le management environnemental s'articule essentiellement autour de deux normes : l'EMAS et l'ISO 14001.

L'EMAS : règlement 1836/93/CEE (éco-audit)

Le règlement éco audit date de 93 par la Communauté européenne. Ce n'est pas une norme (type ISO 14001) mais une nouvelle approche réglementaire pour favoriser la protection de l'environnement pour tous les acteurs européens.

Le conseil des Communautés européennes a arrêté un règlement permettant une participation volontaire des entreprises du secteur industriel (mais élargi depuis 2001 aux autres entreprises) à un système communautaire de management environnemental.

Ce règlement demande aux États membres de mettre en œuvre un dispositif d'accréditation et de suivi des entreprises.

Pour être enregistrée, l'entreprise dispose :

➤ d'une analyse environnementale initiale,

➤ d'une politique environnementale,

➤ d'un programme d'action d'amélioration,

➤ d'un système de management environnemental (de type ISO 14001 par exemple),

➤ d'audits environnementaux,

➤ d'une déclaration environnementale destinée au public (une annuelle simplifiée et une complète tous les trois ans). Cette déclaration doit être validée par le certificateur agréé,

➤ d'un enregistrement du site en tant qu'entreprise agréée EMAS auprès du ministère de l'Environnement.

Cette approche n'est pas encore très développée en France.

La norme ISO 14001, guide pour mettre en œuvre un système environnemental

Ce référentiel sert de support à une certification internationale. Il a été la base du travail d'élaboration de l'OHSAS 18001 et assure avec la norme ISO 9001 une vraie cohérence.

La norme spécifie les exigences relatives à un SME permettant à l'organisme de développer et de mettre en œuvre une politique et des objectifs qui prennent en compte des exigences légales et les autres exigences auxquelles l'organisme a souscrit et les informations relatives aux aspects environnementaux significatifs.

Comme la norme ISO 9001 et l'OHSAS 18001 elle impose des exigences très générales (et non des moyens à mettre en œuvre) et n'instaure pas en elle-même de critères spécifiques de performance environnementale.

La norme ISO 14001 a été publiée en 96 et a été révisée en 2004.

Voici ses rubriques :

1 – Domaine d'application

2 – Références normatives

3 – Termes et définitions

4 – Exigences du SME

    41 – Exigences générales

    42 – Politique environnementale

43 – Planification

    431 – aspects environnementaux

    432 – exigences légales et autres exigences

    433 – objectifs, cibles et programmes

44 – Mise en œuvre et fonctionnement

    441 – ressources, rôles et responsabilités

    442 – compétence, formation et sensibilisation

    443 – communication

    444 – documentation

    445 – maîtrise de la documentation

    446 – maîtrise opérationnelle

    447 – préparation et réponse aux situations d'urgence

45 – Contrôle

    451 – surveillance et mesurage

    452 – évaluation de la conformité

    453 – non-conformité, action corrective et action préventive

    454 – maîtrise des enregistrements

    455 – audit interne

46 – Revue de direction

Abordons quelques définitions nouvelles

➤ Un aspect environnemental est un élément des activités, produits ou services de l'organisme susceptible d'interactions avec l'environnement (nous détaillerons ce terme dans le chapitre sur l'analyse environnementale).

➤ Cible environnementale : exigence de performance détaillée pouvant s'appliquer à l'ensemble ou à une partie de l'organisme.

Les exigences de la norme ISO 14001 : synthèse

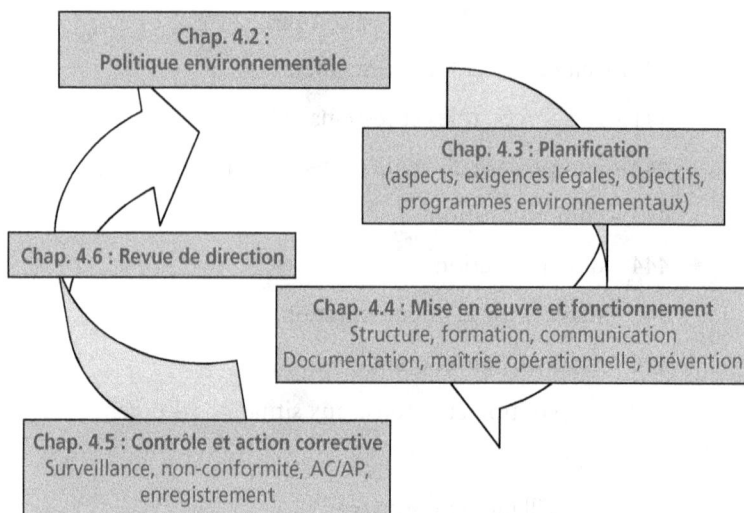

Les similitudes et spécificités de l'ISO 140001 par rapport à la qualité

Chapitre 4.2 – Une politique environnementale : comme en qualité la direction doit exprimer son engagement et établir une politique environnementale. Elle doit ici être disponible pour le public et communiquée à la fois à toute personne travaillant pour ou pour le compte de l'organisme.

Chapitre 4.3 – Planification

Détermination des aspects environnementaux

L'entreprise doit établir une ou plusieurs procédures permettant d'identifier les aspects environnementaux (activités ayant une interaction avec l'environnement) et de déterminer parmi eux, ceux qui sont susceptibles d'avoir un impact significatif. Ce point de départ de la démarche (comme l'écoute client en qualité) qui se concentre au travers de « l'analyse environnementale initiale » est très spécifique. Nous le détaillerons plus loin.

Les exigences légales et autres exigences sont aussi, nous l'avons vu précédemment, très importantes dans le cadre du management environnemental. Cela induit la veille réglementaire. Des banques de données sont disponibles, des sites internet existent pour faciliter l'identification des textes applicables. Les associations professionnelles peuvent être aussi d'un grand secours. Une procédure doit être écrite.

Au-delà des exigences légales, les exigences plus larges des parties intéressées doivent être également recueillies (exigences clients, attentes du voisinage, etc.).

L'étude des impacts significatifs étant réalisée, la politique exprimée, les exigences réglementaires et autres exigences identifiées l'organisme va pouvoir naturellement comme pour tout système de management exprimer des **objectifs quantifiables.**

Les objectifs tiendront compte des options technologiques, des exigences financières, opérationnelles et commerciales et des points de vue des parties intéressées.

Ici apparaît la **notion de cible** : il s'agit de décliner par activité et/ou secteur les objectifs.

Comme en qualité **un programme** va définir qui fait quoi et dans quel délai pour atteindre ses objectifs.

Chapitre 4.4 – Mise en œuvre et fonctionnement

On va retrouver la notion de définition **de rôles, responsabilité, d'autorité et de structure.**

Les exigences sur les ressources humaines vont se retrouver dans la partie **compétence, formation et sensibilisation.**

Les personnes dont les activités ont potentiellement un impact environnemental significatif doivent être compétentes (la compétence pouvant être naturellement acquise par une formation initiale, professionnelle ou expérience). Le respect de certaines procédures est exigé dans le cadre de la formation.

La sensibilisation est aussi une exigence de la norme : sensibilisation aux impacts, aux conséquences potentielles des écarts par rapport aux procédures spécifiées, aux responsabilités de chacun.

La communication. Ce point est renforcé dans le cadre du SME : des procédures sont exigées pour communiquer en interne, mais aussi pour recevoir et traiter les demandes pertinentes des parties intéressées.

En plus, ici l'organisme doit décider s'il communique ou s'il ne communique pas en externe sur ces aspects significatifs et doit documenter sa décision. S'il veut communiquer, il doit définir la méthode prévue et appliquée.

La maîtrise de la documentation est sans spécificité importante.

La maîtrise opérationnelle est l'équivalent de la « réalisation du produit ». L'organisme identifie et planifie les opérations qui sont associées aux aspects environnementaux significatifs identifiés en cohérence avec sa politique environnementale et ses objectifs et cibles afin de s'assurer qu'elles sont réalisées dans les conditions maîtrisées (cela couvre l'intégralité de ses opérations y compris l'entretien).

Il s'agit de :

➤ écrire et appliquer des procédures pour maîtriser les situations où l'absence de telles procédures pourrait être préjudiciable,

➤ stipuler dans ces procédures des critères opérationnels,

➤ écrire et appliquer des procédures liées aux activités ayant un impact sur l'environnement. les procédures doivent être communiquées aux fournisseurs y compris les sous-traitants.

Préparation et réponse à une situation d'urgence : c'est encore une spécificité ; (même si elle se rapproche beaucoup de la gestion de crise en cas de rappel produit dans les systèmes qualité). Elle demande encore une procédure.

L'organisme doit identifier les situations d'urgence potentielles et les accidents potentiels qui peuvent avoir un ou des impacts sur l'environnement et comment y répondre.

En plus de cette identification, l'entreprise doit avoir prévu comment prévenir et réduire les impacts associés.

Il s'agit de lister :

➤ la nature des dangers sur site (par exemple stockage de liquides inflammables) et les mesures à prendre en compte en cas d'accidents,

➤ les points de rassemblement et d'évacuation,

➤ la liste des personnes à contacter,

➤ les possibilités d'assistance externe,

➤ comment réagir et communiquer en interne et en externe,

➤ comment exploiter cette situation après coup pour progresser (retour d'expérience).

Un examen périodique des dispositions prévues doit être réalisé périodiquement et notamment après des incidents récurrents.

Chapitre 4.5 – Contrôle

Tout comme dans les systèmes sécurité et qualité, **l'entreprise met en œuvre des surveillances.**

Elles vont concerner les caractéristiques clés de l'organisme : celles dont il a besoin pour déterminer comment sont gérés ses aspects environnementaux significatifs, comment sont atteints ses objectifs.

Ces mesures seront spécifiques : étude des effluents, étude des gaz émis.

Ces mesures induisent des équipements de contrôle adaptés et étalonnés régulièrement.

Dans le cadre de ces mesures on va intégrer les vérifications périodiques de la conformité réglementaires et autres exigences auxquelles elle a souscrit.

Les non-conformités doivent être traitées comme dans ISO 9001. Il s'agit de mener les actions pour :

➤ corriger la non-conformité et en diminuer les conséquences

➤ déclencher des actions correctives et préventives

➤ en vérifier l'efficacité

On rappelle la nécessité de faire évoluer la documentation si besoin.

La maîtrise des enregistrements est sans particularité.

Les audits internes sont encore une exigence du référentiel.

Chapitre 4.6 – La revue de direction

Elle se structure comme dans tout système de management.

En bref

ISO 14001 = spécificités par rapport à ISO 9001

➤ Une veille réglementaire

➤ Une évaluation des aspects environnementaux significatifs

➤ Une communication interne et externe

➤ L'anticipation des situations d'urgence

➤ Des procédures :

- identification et maîtrise des risques

- identification et mise à jour des textes applicables

- sensibilisation du personnel, formation,

- communication et consultation

- état d'alerte de réponse à une situation d'urgence

- surveillance et mesure des performances environnementales

---

6. L'ANALYSE ENVIRONNEMENTALE : ÉLÉMENT CLÉ DU SYSTÈME

Si l'écoute client, la compréhension de ses besoins est essentielle dans le cadre d'une démarche Qualité, l'analyse environnementale est pour la construction d'un système de management environnemental une des bases fondamentales qui en garantira la pertinence et l'efficacité.

Maîtriser deux points de vocabulaire

➤ Un aspect environnemental est, nous l'avons vu, un élément des activités, produit ou service d'un organisme susceptible d'interaction avec l'environnement (exemple : réception, livraison, stockage de matières premières, opérations de fabrication – fraisage, peinture, dégraissage).

➤ Un impact environnemental est une modification de l'environnement, négative ou bénéfique, résultant totalement ou partiellement des activités, produits ou service d'un organisme (exemple : production de déchets, rejets atmosphériques, effluents liquides).

Préparer son analyse
Se fixer des objectifs clairs

Les objectifs de l'analyse environnementale initiale sont d'identifier les binômes aspects/impacts environnementaux significatifs. Cet état des lieux permet d'exprimer une politique et de définir un programme environnemental.

Constituer une équipe, un groupe de travail

Une analyse environnementale ne se réalise pas toute seule. Dès le départ, comme lors de l'analyse des risques santé et sécurité, l'accent sera mis sur la participation et l'implication de chacun dans la construction du système de management environnemental. Ainsi le groupe peut être constitué de représentants des différents métiers qui aideront le Responsable Environnement et identifieront ensemble les impacts environnementaux des différents métiers de l'entreprise.

Communiquer, expliquer

Avant de démarrer, il s'agit d'expliquer à chacun les finalités attendues de l'analyse : avoir une vue lucide des points forts et des axes de progrès en matière d'environnement, connaître les domaines où devront converger les efforts (et donc les ressources) dans l'immédiat. Travailler sur des faits et analyser les impacts environnementaux du site dans leur globalité. *C'est un travail d'observation, d'analyse et de décision piloté par le Responsable Environnement pour lequel toute l'entreprise se mobilise sous l'impulsion de la direction.*

Choisir le périmètre de son étude

Bien qu'il soit naturel d'avoir tendance à se focaliser sur les activités de production/fabrication jugées représentatives, c'est l'ensemble de l'entreprise qu'il va falloir prendre en compte (métiers et supports). Par exemple les impacts sonores dans la zone expédition ne sont pas négligeables pour une entreprise située en zone urbaine, de même les compresseurs ou une éventuelle station d'épuration sont souvent susceptibles d'impacts substantiels au niveau bruit et sols.

Recueillir des données internes et externes

Par exemple : le plan du site, la liste des processus/activités/produits fabriqués et utilisés, les courriers des institutions et parties intéressées, le résultat s'il existe de la surveillance environnementale.

Recueillir la réglementation liée à son activité

La veille réglementaire, le recueil de la réglementation et autres exigences applicables sont des éléments importants d'un système de management environnemental. Avant de démarrer une analyse des interfaces avec l'environnement et pour en mesurer les impacts, il convient de rassembler l'ensemble des textes que l'entreprise doit respecter.

Pour réussir cette tâche, les Responsables Environnement mettent en œuvre deux niveaux de veille :

➤ *une veille opérationnelle, locale* réalisée en interne, associé à un site (étude du code permanent de l'environnement et nuisance – version papier, CD ou internet – ou Lamy environnement)

➤ *une veille élargie, plus stratégique.* Cette veille permet de travailler sur deux axes : compléter, approfondir des textes sur l'activité (aspect technique) et/ou explorer, anticiper les grandes tendances (textes européens).

Ces études peuvent être en partie confiées à une fédération profession-nelle et/ou par exemple au Centre français de documentation sur l'envi-ronnement.

Établir la grille de sensibilité de son environnement

Les résultats de l'analyse, l'importance attribuée aux impacts vont dépendre de l'activité d'un site mais aussi et surtout de son environnement et de sa sensibilité. Cet exercice consiste à porter non pas un regard sur soi (son site) mais sur les autres (l'environnement). On se posera ainsi tout un ensemble de questions :

➤ Quels sont les riverains ? Sont-ils proches ou loin ?

➤ Y a-t-il un puits à proximité et des points de captage d'eau potable ?

➤ Y a-t-il une école, une crèche à proximité ?

➤ La nappe phréatique est-elle proche ? Est elle jugée fragile ?

➤ Quelles sont pour le site les grandes dominantes en terme d'urbanisme ?

Identifier les binômes aspects/impacts

Une fois la phase préparation réalisée, l'analyse environnementale va réellement débuter.

Dans un premier temps, on aura soin de bien identifier à la fois les acti-vités centrales de l'entreprise (décrites de la réception à l'expédition) puis de repérer les activités périphériques (celles qui fournissent de l'eau, du froid, de l'électricité, air comprimé. Il peut s'agir de station de captage, de tours de refroidissement, de compresseur).

L'identification des binômes suppose un travail de « maillage ». Chaque activité est passée au crible, décomposée en sous-activités pour ne sélectionner que celles qui sont susceptibles d'interaction avec l'environnement. Le niveau de finesse de chaque maille (activité/aspect) est une affaire de bon sens et d'observation sincère de ces activités.

On peut repérer environ 10 à 20 aspects environnementaux par site.

On associera ensuite à chaque aspect ainsi identifié, les impacts environnementaux adéquats. Pour cela, le groupe étudiera :

➤ les rejets (atmosphériques, aqueux),

➤ les déchets (banals ou spéciaux),

➤ les émissions de bruits,

➤ les rejets dans le sol,

➤ l'utilisation des matières premières et des ressources naturelles,

➤ l'utilisation d'énergie,

➤ l'énergie produite (chaleur, vibration, radiation),

générés par l'activité.

On regardera aussi l'intégration esthétique dans l'environnement.

Il est normal qu'à chaque aspect on puisse associer plusieurs impacts (3, 4 ou plus).

Exemples de binôme : rejets d'eau à la préparation, émissions sonores de la réception.

On aura soin de prendre en considération à la fois les **conditions normales** de l'exploitation mais aussi **les situations exceptionnelles** (maintenance, accidents, urgence).

Hiérarchiser les impacts : se concentrer sur l'essentiel

Cette étape sera simplifiée par la construction d'une matrice qui va reprendre les binômes aspects-impacts retenus.

On cotera ensuite de 1 à 3 :

> *la Gravité* : l'impact est il grave pour l'environnement ?

Jeter des chiffons souillés par des solvants dans une benne est moins grave que rejeter des effluents liquides chargés de cyanure.

Cotation : grave 3, moyenne 2, faible 1

> *l'Occurrence* (la fréquence) : cela arrive-t-il souvent ? cela risque-t-il d'arriver ?

La rupture d'une vanne est plus rare que le renversement d'un fût.

Cotation : constante ou probable 3, régulier ou possible 2, rare ou exceptionnel 1.

> *la Maîtrise* : avons-nous fait le nécessaire pour le maîtriser ?

La présence d'une cuve à paroi double est plus rassurante que l'existence d'une citerne simple enterrée depuis 2 ans et jamais éprouvée.

Cotation : satisfaisante ou suffisant 1, aléatoire ou insuffisant 2, inexistante 3.

Cette cotation sera complétée par l'évaluation de la **Conformité réglementaire** du binôme aspect/impact (notation de 1 ou 10°).

La note globale prendra en compte le produit des 4 valeurs ($G \times O \times M \times C$).

Exemple : une émission sonore fréquente et significative due au fonctionnement de groupe de production de froid sera cotée gravité 2, occurrence 3, maîtrise 2.

Au total sa note sera 12 si le niveau réel acoustique est conforme à la réglementation, 120 si le niveau sonore réel acoustique excède les seuils autorisés.

Les résultats de l'analyse font l'objet d'un tableau récapitulatif.

Aspects	impacts	G	O	M	C	Note totale	Commentaires
Par exemple : pasteurisation	Bruit	3	3	3	10	180	Fera l'objet d'un programme environnemental

Nous vous proposons une grille complète page suivante.

En fonctionnement normal

1. Activités principales

1. Travail mécanique des métaux

Aspects environnementaux des activités du site	Impacts environnementaux constatés	Réfé-rence	G	O	M	C	Produit
1- Décolletage	- Émissions sonores	1.1.1.1	1	3	2	10	60
	- Production de déchets DIB - DIS	1.1.1.2	2	3	2	10	120
	- Rejets atmosphériques	1.1.1.3	2	3	2	10	120
	- Pollution des sols	1.1.1.4	2	2	3	10	120
	- Intégration paysagère	1.1.1.5	1	3	3	1	9
2- Usinage	- Émissions sonores	1.1.2.1	2	3	2	10	120
	- Production de déchets DIB-DIS	1.1.2.2	2	3	2	10	120
	- Rejets atmosphériques	1.1.2.3	2	3	2	10	120
	- Pollution des sols	1.1.2.4	2	2	3	10	120
	- Intégration paysagère	1.1.2.5	1	3	3	1	9
3- Emboutissage	- Émissions sonores	1.1.3.1	3	3	2	10	180
	- Production de déchets DIB-DIS	1.1.3.2	2	2	2	1	8
	- Rejets atmosphériques	1.1.3.3	1	1	2	1	2
	- Pollution des sols	1.1.3.4	2	2	3	10	120
	- Intégration paysagère	1.1.3.5	1	3	3	1	9

En situation d'urgence

Aspects environnementaux des activités du site	Impacts environnementaux constatés	Référence	O	M	Produit
Activités principales et périphériques					
1. incendie	- Consommation en eau	1.1	3	3	9
	- Pollution des sols	1.2	2	2	4
	- Production de déchets DIB-DIS	1.3	3	3	9
	- Rejets atmosphériques	1.4	3	3	9
	- Effluents liquides	1.5	2	2	4
2. déversement massif accidentel	- Consommation en eau	2.1	1	2	2
	- Pollution des sols	2.2	1	2	2
	- Production de déchets DIB DIS	2.3	2	2	4
	- Rejets atmosphériques	2.4	1	1	1
	- Effluents liquides	2.5	3	2	6

Source : Cegos.

Faire une synthèse objective et déclencher un programme d'action

On peut compléter cette analyse technique par un diagnostic « vert » de l'entreprise

Au-delà des constats traduits en impacts environnementaux, avant de construire son plan d'action, il est profitable de réaliser un état des lieux plus global de l'entreprise en terme de « maturité environnementale ». Cette analyse, moins factuelle peut-être que l'analyse environnementale initiale, portera notamment sur :

➤ la conscience des responsabilités environnementales de chacun

➤ la stratégie de l'entreprise et l'intégration du projet environnemental (quelle est sa place réelle ?)

➤ les référentiels choisis (labels produits, ISO 14001…)

➤ la perception des clients de l'entreprise en matière environnementale

➤ les besoins des parties intéressées (consommateurs, clients, riverains, collectivités)

➤ la mise en œuvre de l'éco conception au sein de l'entreprise, la politique de recherche et développement en matière d'environnement

➤ l'implication des managers

À l'issue de l'analyse environnementale globale, la direction dispose d'un état des lieux réaliste de son entreprise.

Ce diagnostic a permis d'identifier les points forts (ceux sur lesquels nous pouvons communiquer : « nous maîtrisons, nous pouvons être fiers de… ») mais aussi de mettre le doigt sur les axes d'action prioritaires : là où il faut agir.

L'analyse doit permettre au Responsable Environnement et à l'ensemble du comité de direction de se focaliser sur les aspects environnementaux significatifs.

Le programme environnemental qui sera établi va décrire les objectifs environnementaux que l'entreprise se fixe et comment ces objectifs seront atteints. Des responsabilités sont formalisées et un calendrier défini.

Le plan d'action va sans doute couvrir plusieurs axes :

➤ La mise en place d'un programme de formation sensibilisation

➤ La mise en œuvre d'un plan de communication

➤ La recherche de solutions techniques pour diminuer les impacts environnementaux constatés (qui va inclure la gestion des déchets, la gestion des produits toxiques, etc.)

Bien souvent l'analyse environnementale est faite une fois pour toutes et par forcément mise à jour régulièrement.

L'environnement, la réglementation, les activités sont en perpétuelle évolution. Le Responsable Environnement ne doit avoir de cesse **de reprendre son analyse**, la faire évoluer pour s'assurer qu'il dispose bien en permanence des bonnes informations à prendre en considération pour garantir l'efficacité de son système de management environnemental.

En bref
RÉALISER UNE ANALYSE ENVIRONNEMENTALE

➤ **Préparer**

Recueillir les données internes et externes

Définir le périmètre

Evaluer la sensibilité du site

Recueillir les données réglementaires et autres exigences

⬇

➤ **Identifier les binômes aspect/impacts**

Se poser pour chaque activité susceptible d'interagir avec l'environnement les questions suivantes :

Quels rejets (air/sol/eau)?

Quelles utilisations/ consommations de ressources ?

Quelles émissions sonores ?

Quelles intégrations dans le paysage ?

Quels déchets ?

⬇

➤ **Hiérarchiser les binômes**

Gravité × Occurrence × Maîtrise × Conformité réglementaire = une note globale

⬇

➤ **Sélectionner les binômes significatifs**

Faire la synthèse

Élargir concrètement son système qualité

1. LE SYSTÈME INTÉGRÉ QUALITÉ SÉCURITÉ ENVIRONNEMENT : QUEL PÉRIMÈTRE ?

Au-delà de la relation avec ses clients, un système intégré permet, nous l'avons vu, de répondre à des problématiques internes à l'entreprise (faire face à la concurrence, assurer la maîtrise de ses processus en préservant son personnel) mais aussi externes : prendre en compte les préoccupations environnementales.

Le système QSE doit donc répondre à des attentes de parties intéressées très différentes mais tout à fait complémentaires.

Les clients sont exigeants sur le niveau qualité des produits et services fournis : ils veulent un rapport qualité/prix justifié, et s'intéressent de plus en plus à l'implication sociale et sociétale de leurs fournisseurs.

Le personnel veut une stabilité d'emploi, de bonnes conditions de travail, sécurisantes mais aussi un travail valorisé. Chacun veut connaître la contribution de son travail dans l'atteinte des résultats de l'entreprise et chaque collaborateur aura à cœur d'être fier de son entreprise et d'avoir plaisir à travailler.

Les actionnaires sont aussi exigeants : des résultats financiers, des marges suffisantes, une image de l'entreprise positive. Les coûts de dysfonctionnements que ce soit des dépassements de budgets dus à des incidents qualité, des amendes à payer pour non-respect de la réglementation, un absentéisme trop fort sont autant d'opportunités d'améliorer les bénéfices. Par ailleurs l'actionnariat éthique (impacts sociaux et environnementaux) reste encore marginal mais se développe avec le temps.

La société (au sens large) : un environnement respecté, protégé durant tout le cycle de vie du produit. Une image d'entreprise citoyenne qui recherche à s'intégrer socialement au tissu régional (en terme d'emploi, de formation, d'image) et à rassurer avec des preuves fortes d'engagement.

Des institutions diverses qui vont vérifier la conformité réglementaire de l'entreprise.

Les intervenants, sous-traitants : ils interviennent sur le site de l'entreprise et/ou pour son compte dans des conditions maîtrisées sur le plan de la santé/sécurité.

2. ÉLARGIR SA CARTOGRAPHIE

La notion de processus est une approche récente dans de nombreuses entreprises. Elle a été pour beaucoup induite par la révision de la norme ISO 9001 en 2000.

Pas toujours faciles à définir, ni à piloter, les processus ont pour avantage de décloisonner l'entreprise et d'inciter les directions à faire fonctionner les services, les activités de manière corrélée.

On ne visualise plus l'entreprise sous l'angle vertical d'un organigramme mais de manière horizontale en regardant comment l'entreprise prend en compte les besoins de ses clients pour les satisfaire.

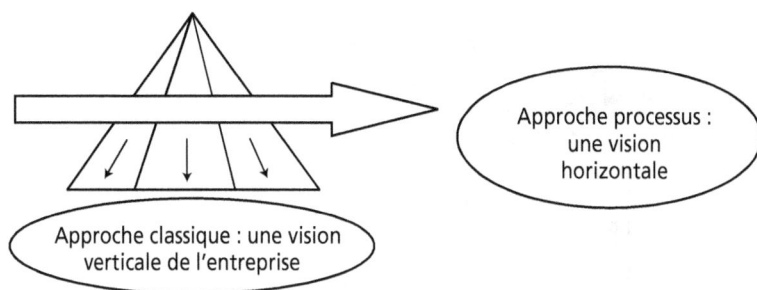

Approche processus : une vision horizontale

Approche classique : une vision verticale de l'entreprise

Dans le cadre d'un système de management de la qualité, on a couramment l'habitude de parler de trois types de processus :

➤ les processus de management qui donnent l'impulsion et créent une dynamique d'amélioration,

➤ les processus métiers (de réalisation) qui vont des besoins du client à la satisfaction des clients,

➤ les processus supports qui permettent de faire fonctionner les processus métiers en mettant à leur disposition des ressources adaptées tant matérielles qu'humaines.

Une cartographie « classique » est représentée dans la figure page suivante.

Les conséquences d'un système QSE

D'abord on ne raisonne plus simplement du client au client. Dans un système QSE, la notion de client est élargie aux parties intéressées.

Désormais les processus de l'entreprise ont pour but de répondre aux attentes du client, mais dans le cadre d'une réglementation QSE définie dans un souci permanent de respect de l'environnement et de protection de son personnel.

Les processus management, métiers, supports sont alors pilotés non plus sous l'angle qualité mais sous le triple aspect qualité-sécurité-environnement.

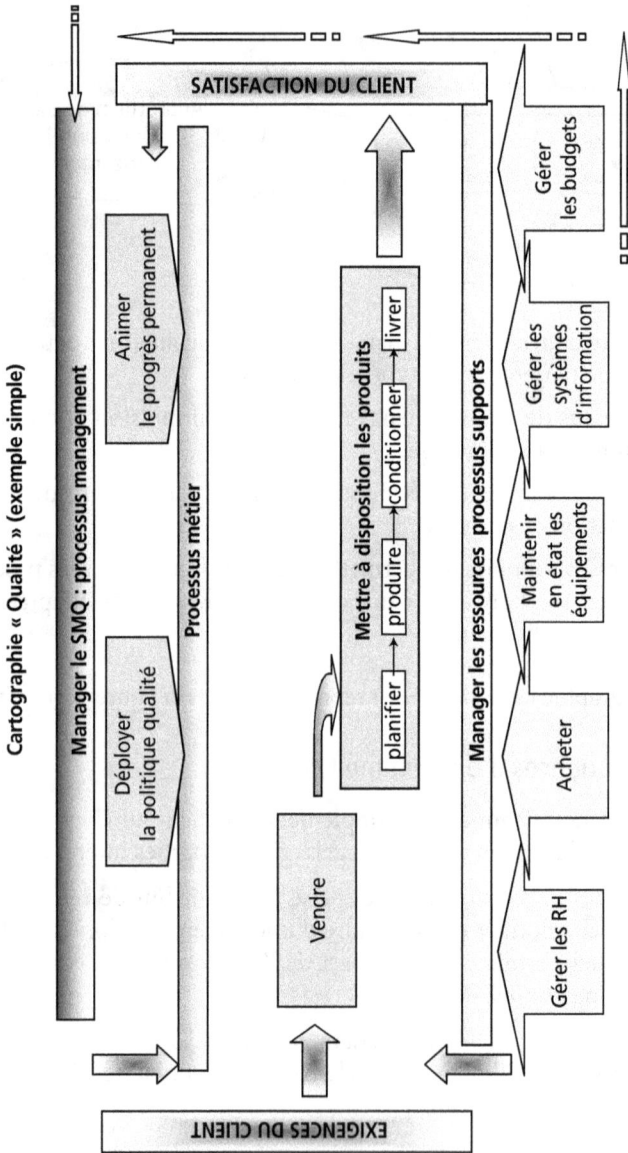

Cartographie « Qualité » (exemple simple)

EXIGENCES DU CLIENT

SATISFACTION DU CLIENT

Manager le SMQ : processus management

Déployer la politique qualité

Animer le progrès permanent

Processus métier

Vendre

Mettre à disposition les produits

planifier → produire → conditionner → livrer

Manager les ressources processus supports

Gérer les RH

Acheter

Maintenir en état les équipements

Gérer les systèmes d'information

Gérer les budgets

On peut imaginer qu'un système QSE va induire ainsi une **modification de la cartographie** mais aussi une nouvelle vision de chaque processus.

On pourra alors se poser la question, selon l'activité de l'entreprise concernée, de la nécessité de rajouter à cette cartographie des processus tels que :

➤ **le processus de gestion des déchets** qui va permettre de prendre en charge les déchets des processus métiers (ou supports) et limiter leurs impacts dans le cadre strict de la réglementation. Ces déchets (produits non intentionnels de l'entreprise) peuvent être liquides, solides, gazeux. Cette gestion peut aussi faire partie intégrante des différents processus.

➤ **le processus d'analyse des risques** qui va permettre de faire une identification exhaustive des risques qualité-sécurité-environnement, de pondérer ses risques et d'y associer les mesures préventives et/ou de maîtrise conséquente. Cette analyse sera une donnée d'entrée du processus de direction.

➤ **le processus de communication** (qui prend plus d'importance) qui va définir, formaliser, déployer la communication vers le personnel et auprès des parties intéressées (client, mais aussi collectivité, administrations, entités institutionnelles, groupes de pression diverses). Il s'agira également de maîtriser la médiatisation des situations de crise.

➤ **le processus de veille réglementaire** qui permet d'assurer que l'entreprise a bien repéré et listé les réglementations et autres exigences légales auxquelles elle doit se référer et qu'elle doit mettre en application. Ce processus assure la prise en compte de toutes les évolutions de ces textes et leur application dans l'entreprise.

➤ **le processus de gestion de crise** qui permet d'établir les responsabilités et l'organisation qui seront mises en œuvre dans le cadre des situations d'urgence mettant en danger le client, le personnel, l'environnement.

C'est une réflexion que chaque entreprise devra menée car la cartographie des processus doit être perçue comme une vision commune partagée du fonctionnement de la société, cohérente avec l'activité de l'entreprise, sa stratégie et la façon dont le comité de direction perçoit son métier.

C'est aussi un élément de communication en interne et en externe, un mode pour transmettre des valeurs.

L'objectif est de clarifier, structurer une organisation, de choisir les **10-15 processus clés de** l'entreprise permettant de répondre aux besoins des parties intéressées dans le cadre d'une responsabilité sociale et sociétale.

Une cartographie peut évoluer en fonction des activités et des stratégies. Parfois un processus peut être intégré à un moment dans un autre car il ne nécessite pas (ou plus) une focalisation si importante. On peut aussi décider de zoomer sur une activité, d'en créer un processus pour en améliorer significativement ses performances.

Il n'y a pas de modèle unique de cartographie QSE. Parce que chaque cartographie représente « l'empreinte génétique » de son entreprise. Simplement, pour imager nos propos, nous vous donnons un exemple page suivante avec toutes les réserves que cela nécessite.

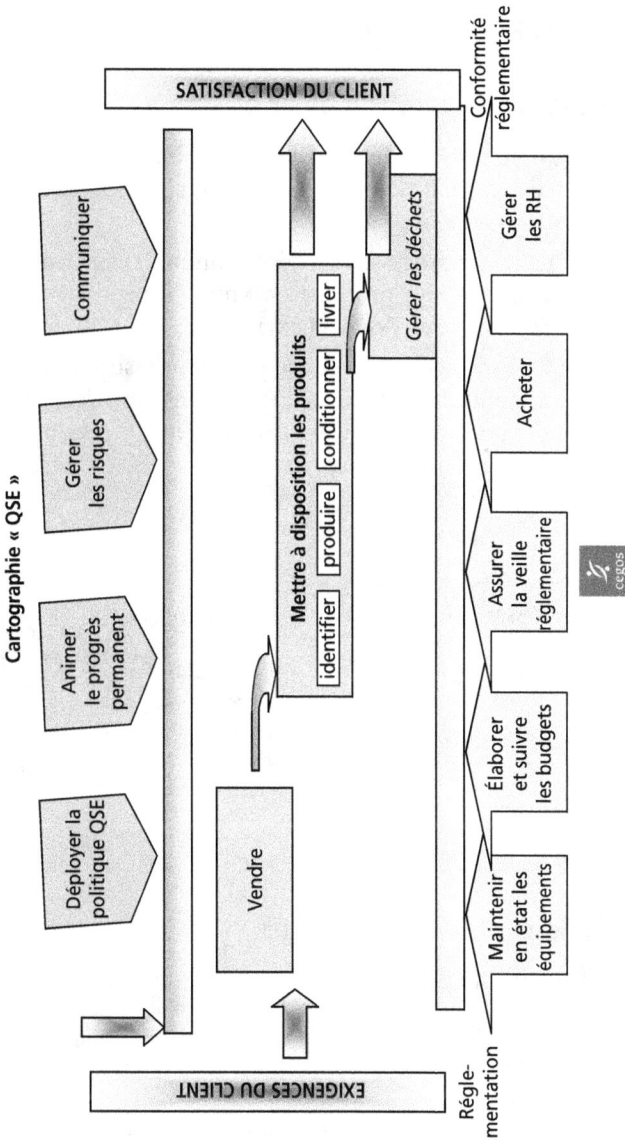

Cartographie « QSE »

SATISFACTION DU CLIENT

EXIGENCES DU CLIENT

Conformité réglementaire

Communiquer

Gérer les risques

Animer le progrès permanent

Déployer la politique QSE

Vendre

Mettre à disposition les produits

identifier | produire | conditionner | livrer

Gérer les déchets

Gérer les RH

Acheter

Assurer la veille réglementaire

Élaborer et suivre les budgets

Maintenir en état les équipements

Régle-mentation

cegos

2. REVOIR SES PROCESSUS

Une nouvelle façon d'appréhender les processus

La mise en œuvre d'un système de management QSE nécessite de définir avec précision (mais sans lourdeur) les caractéristiques des processus et leur mode de fonctionnement.

Dans le modèle qualité un processus est décrit comme un enchaînement d'activités qui transforme des produits entrants en produits sortants (intentionnels qui seront délivrées au client).

Dans un modèle QSE, on considère que le processus assure cette transformation à valeur ajoutée en produisant également des rejets (déchets non intentionnels qui pourront impacter l'environnement) et en induisant des risques d'accidents pour le personnel.

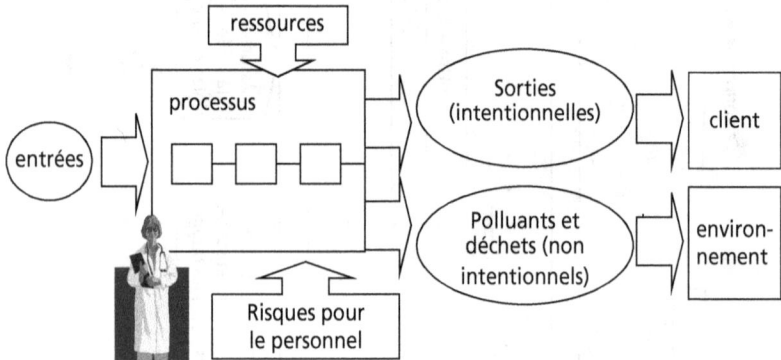

Compléter la description des processus

« Traditionnellement » les processus sont décrits en formalisant :

➤ le pilote

➤ la finalité, la mission

➤ les données d'entrée, processus amont

➤ les données de sortie, processus aval

➤ les processus supports

➤ les attentes clés des clients

➤ les grandes activités du processus

➤ les documents associés

➤ les activités de surveillance

➤ les indicateurs

(Voir description ci-après, sur un exemple simple de production)

Processus : produire   **Pilote** : LMP
Finalité : mettre à disposition du service logistique des produits conformes dans les délais demandés en respectant les budgets définis
Données d'entrée : ordre de fabrication, composants Processus amont : commercial, achat
Données de sortie : produit prêt à livrer, documents de contrôle Processus aval : livraison **Clients** : l'entrepôt et en final nos clients des magasins
Activités de surveillance : contrôles aux trois étapes (voir plan de surveillance associé)
Indicateurs de performance : Note qualité du produit à la sortie, écart de budget, % de hors délais
Documents associés : procédures de préparation, de réalisation de conditionnement, et de traitement du produit non conforme
Attentes clés des clients : un produit conforme aux spécifications internes, une identification claire

La prise en compte de la dimension QSE n'induit pas forcément un changement de pilote (sous réserve que ses responsabilités soient clarifiées et acceptées) ni de remise en cause fondamentale des données d'entrée (même si elles peuvent être impactées).

Elle induit toutefois globalement une nouvelle réflexion sur les exigences en terme de maîtrise environnementale sur ces données d'entrée et en terme de sécurité sur les moyens utilisés.

Cette approche QSE nécessite aussi de compléter dans la fiche d'identité, un certain nombre d'éléments :

> **La finalité :** ce n'est plus remplir sa mission en visant des objectifs Qualité-coûts-délai. Il s'agit maintenant d'associer en plus aux processus des responsabilités environnementales et sociétales. Le processus doit atteindre ses objectifs en respectant l'environnement et en ayant de cesse de protéger le personnel qui intervient sur le processus.

> **Les données de sortie :** dans une approche QSE elles incluent les produits intentionnels et les produits non intentionnels : déchets, rejets. Les processus avals peuvent être alors le processus de gestion de déchets.

> **Les attentes clés des clients :** étant donné que la notion de client change, cette rubrique va aussi évoluer car elle va intégrer les attentes des parties intéressées concernées.

> **Les grandes activités :** les activités du processus ne bougent pas. Parfois la gestion des rejets peut être intégrée dans le processus.

> **Les contraintes :** on va aborder ici la veille réglementaire. Les contraintes du processus sont la réglementation et autres exigences légales QSE auxquelles le processus doit se soumettre. Chaque processus sera étudié sous cet angle.

> **Les documents associés :** on parle ici de procédures, de consignes de postes. Naturellement ici, les consignes sécurité, les pratiques pour respecter l'environnement prennent leur place.

➤ **Les activités de surveillance** : si jusqu'à présent on s'intéressait plus aux activités de contrôle, dans la démarche QSE des surveillances de dispositif de sécurité, ou environnemental peuvent trouver ici leur légitimité. On peut surveiller le processus par des activités de contrôle (qualité), des audits de postes (QSE), des indicateurs de surveillance (environnementaux par exemple).

➤ **Les indicateurs de performance** : en plus des indicateurs qualité-coûts-délai, des indicateurs sécurité seront définis (par exemple nombre de « presque accident sur le processus ») et des indicateurs environnementaux (consommation d'énergie, niveau bruit dans un atelier).

Les coûts pourront être valorisés en coûts de non-qualité et complétés des coûts des accidents et des nuisances.

➤ **Les risques QSE** : on peut ici :

• préciser les dysfonctionnements potentiels les plus critiques en matière de qualité,

• rappeler les risques en terme de prévention (et renvoyer aux consignes de sécurité),

• et reprendre enfin les principaux risques de pollution, les consignes environnementales et la conduite à tenir en cas d'urgence.

Intégrer dans la description des processus la notion de risques et la notion de contrainte réglementaire

Une forte conséquence de l'intégration sera la prise en compte des risques QSE liés aux processus.

Chaque processus sera étudié sous trois angles : celui des risques santé-sécurité, celui des impacts environnementaux significatifs et celui des dysfonctionnements qualité produit potentiels.

La notion de risque est alors globalisée à tout événement pouvant induire une non-conformité produit, un impact négatif sur l'environnement, un dommage pour le personnel et globalement une insatisfaction des parties prenantes.

Cette analyse a pu être faite par l'intermédiaire de l'analyse environnementale initiale et de l'analyse des risques santé/sécurité et de l'AMDEC (analyse des modes de défaillances, de leurs effets et de leur criticité) pour la qualité du produit.

Elle peut aussi être amenée dans le cadre d'une réflexion plus globale sur chaque processus, chaque étape du processus va être analysée pour mettre en avant :

➤ les risques pour le personnel

➤ le dysfonctionnement potentiel du produit

➤ les risques pour l'environnement

Ses risques seront aussi hiérarchisés en terme de fréquence et de gravité.

Dans la notion de probabilité d'apparition on peut aussi intégrer un niveau de maîtrise : a-t-on déjà prévu des dispositifs pour limiter l'apparition de l'événement dangereux et/ou permettre de détecter le produit non conforme ou l'incident avant qu'il ne passe à l'étape suivante ou prenne des proportions importantes.

Gravité (à titre d'exemple)

	Q	S	E
Critique	Le client sera perdu Le produit est dangereux pour le client Non-conformité réglementaire	Dommage irréversible pour la personne Mort Non-conformité réglementaire	Dommage irréversible pour l'environnement Non-conformité réglementaire
Majeure	Fort mécontentement du client.	Arrêt de travail du salarié	Incidence importante
Notable	Déception du client	Soins extérieurs sans arrêt de travail	Incidence moyenne
Mineure	Le client pourra ne pas s'en apercevoir	Légère gêne	Incidence mineure

Même chose pour la fréquence/probabilité d'apparition.

QSE	
Forte	fréquence journalière
Possible	fréquence hebdomadaire
Rare	fréquence mensuelle
Quasi nulle	fréquence annuelle

Au final la combinaison des facteurs probabilité d'apparition et gravité permettent de hiérarchiser les risques qu'ils soient en qualité, sécurité, environnement. Et repérer les risques significatifs (moyennement graves mais fréquents, rares mais critiques).

Gravité / Probabilité	Mineure (m)	Notable (N)	Majeure (M)	Critique (C)
Quasi nulle (1)				
Rare (2)			M2	C2
Possible (3)		N3	M3	C3
Forte (4)		N4	M4	C4

Puis chaque risque inacceptable (C4, C3, M4, M3 puis N4, N3, M2, C2 par exemple) sera étudié à partir de scénarios :

➤ Comment en diminuer la probabilité d'apparition (la probabilité d'apparition de la situation dangereuse pour le client, le personnel et l'environnement) ?

➤ Comment en diminuer les conséquences ?

➤ Quels contrôles mettre en place pour détecter au plus tôt ces dérives, ces incidents ?

Cette analyse de risques pourra entraîner :

➤ De la formation

➤ Le choix d'équipement de protection individuel pour le personnel

➤ La mise en place de dispositif divers pour protéger le personnel et/ou l'environnement (barre de sécurité, gants, bas de rétention, stockage spécifique des produits dangereux.)

➤ La mise en œuvre d'actions préventives au niveau des fournisseurs, des machines (maintenance préventive)

➤ Le choix de mise en place d'un plan de contrôle produit

➤ L'écriture de consignes QSE ou de panneaux

➤ L'évolution de certains procédés

➤ La mise en place de surveillance de la performance environnementale ou sécurité des procédés

Une grille inspirée des analyses de risques santé-sécurité et analyse environnementale pourra être créée (voir page suivante).

Compte tenu de ces nouveaux éléments, nous vous proposons une exemple de **fiche processus « relookée QSE »** (voir aussi pages suivantes).

Processus : produire

Étape du processus	QSE	risque	conséquence	causes	G	O	Cote Risque	Action préventive	Mesure efficacité
Préparation	Q	Dosage incorrect	Coûts supplémentaires Insatisfaction client Produit non conforme réglementairement	Information erronée	C	1	C1	—	—
				Déréglage de la balance	C	3	C3	Maintenance préventive	OK le 03/01/06
	S	Chute	Traumatisme	Déséquilibre sur l'estrade de préparation	C	3	C3	Barrière	OK le 30/04/06
	E	Déversement de produits dans les égoûts	Pollution	Pas de rétention	N	2	N2	—	

* (Produits non dangereux)

Processus : produire **Pilote** : LMP
Finalité : mettre à disposition du service logistique des produits conformes dans les délais demandés en respectant les budgets définis. Ceci en assurant la gestion des déchets engendrés par ce processus ; la maîtrise des consommations énergétiques, dans le respect de la sécurité des personnes
Données d'entrée : ordre de fabrication, composants Processus amont : commercial, achat Ressources principales : énergie (électricité)
Données de sortie : produit prêt à livrer, documents de contrôle, déchets (cartons, composants défectueux) Processus aval : livraison, gestion des déchets **Clients** : l'entrepôt et en final nos clients des magasins

Activités de surveillance : contrôles aux trois étapes (voir plan de surveillance associé), audit QSEde poste mensuel
Indicateurs de performance : Note qualité du produit à la sortie, écart de budget, % de hors délais Consommation d'énergie, Nombre d'accidents de travail
Réglementation QSE applicable : voir liste ci-jointe
Documents associés : procédures de préparation, de réalisation de conditionnement, et de traitement du produit non-conforme. Ces documents intègrent les consignes de sécurité et de gestion premier niveau des déchets
Attentes clés des clients (suite à l'écoute client) : un produit conforme aux spécifications internes, une identification claire
Risques/impacts clés identifiés : Gestion des déchets (cartons, produits défectueux) : voir processus déchets Risques de brûlure au conditionnement : voir consigne

3. REFORMULER SA POLITIQUE ET SES OBJECTIFS

La direction va devoir reformuler sa politique. La réflexion qu'elle avait menée jusqu'à présent dans le cadre de sa volonté de satisfaire ses clients va être élargie.

Une seule politique regroupant à la fois les orientations qualité, sécurité et environnement sera établie. Cette politique QSE sera définie comme un axe clé de la stratégie de l'entreprise.

En effet la politique QSE qu'exprime la direction doit donner du sens à la démarche, c'est un élément fédérateur, moteur du système intégré. Elle constitue la base du système.

Rédiger une politique QSE

Une politique QSE n'a de valeur que si elle permet de positionner claire-ment et définitivement la démarche QSE au cœur des préoccupations du comité de direction.

Ce n'est pas une réponse à une exigence normative mais un exercice de réflexion, d'analyse qui va conduire l'entreprise à définir des convictions et des orientations en matière de qualité, de santé/sécurité et d'environ-nement. Et cela de manière intégrée.

Cet exercice induit que la **direction ait défini sa mission (sa raison d'être) et sa vision (quel est le challenge de l'entreprise)** : dans 5-10 ans quelle sera l'entreprise ?

Plus précisément :

➤ Quelle sera sa position sur le marché ?

➤ ses produits ?

➤ ses clients ?

➤ quelle sera la perception de ses clients ?

➤ de ses actionnaires ? de son personnel ? de la collectivité ?

➤ quelles seront les valeurs développées dans son organisation ?

Une fois cet exercice (jamais facile) réalisé, le comité de direction définit **les axes stratégiques** qui vont lui permettre de réussir son challenge.

Ces axes dépendent de la situation initiale de l'entreprise, ses forces et ses faiblesses. Des données internes qui seront alimentées aussi de données des concurrents, des évolutions possibles des exigences clients et de la réglementation, des évolutions technologiques anticipables.

Et c'est bien de ces axes stratégiques que doit découler la politique QSE.

La démarche QSE est résolument une approche TOP down. Des managers impliqués font des collaborateurs engagés. Les valeurs de l'entreprise sont en tout premier lieu ceux de leurs dirigeants qui se doivent exemplaires pour être crédibles. Cela nécessite qu'il y ait continuellement au quotidien une cohérence entre le discours et les actes, la volonté et les décisions.

Dans nos missions, nous observons trop de politiques QSE écrites par un responsable après des mois de demandes infructueuses auprès de sa direction pour ne pas insister sur ce point.

L'orientation stratégique donnée par la direction est et reste une condition incontournable à la réussite d'une démarche QSE. Elle donne le sens, elle apporte ses convictions et définit ses orientations et s'assure que les résultats de l'entreprise sont en permanence cohérents avec elles.

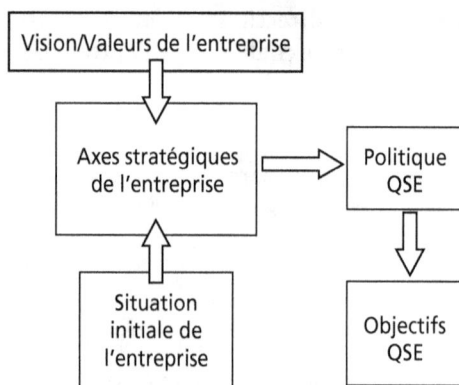

Intégrer la politique QSE dans le projet de l'entreprise

Exprimer la politique est une des activités du processus de direction. Pour créer/valider sa politique, la direction doit disposer de sa stratégie globale mais aussi notamment :

> des résultats de son écoute client (qui comprend la formulation des besoins latents des clients) et de l'écoute des parties intéressées,

> des résultats QSE (satisfaction client, performances environnementales et sécurité),

> des résultats de l'analyse environnementale initiale et de l'analyse des risques santé/sécurité,

> d'une synthèse des réclamations des parties intéressées.

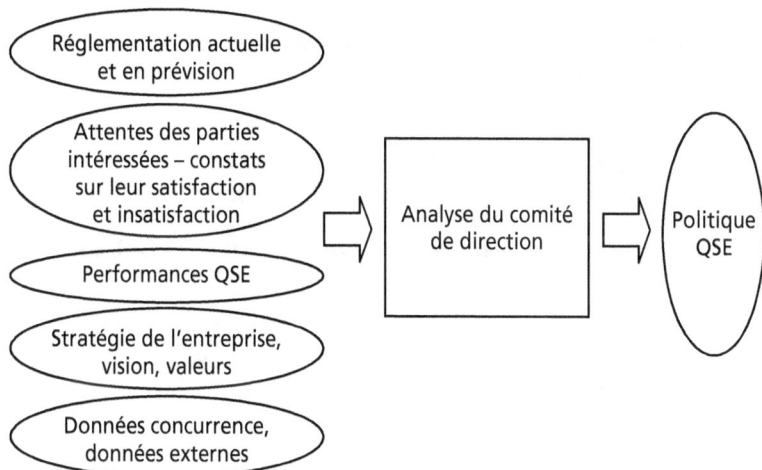

Un exemple de politique QSE

Notre entreprise est engagée résolument depuis plus de 5 ans maintenant dans un projet global qui nous permettra rapidement de faire partie des leaders nationaux sur notre marché.

Soucieux de concilier nos objectifs de développement avec ceux d'harmonie sociale et de protection de l'environnement, nous recherchons en permanence à assurer la pérennité financière de notre entreprise en augmentant la qualité perçue par nos clients, en optimisant l'utilisation des ressources, tout en garantissant en permanence la sécurité de notre personnel, le respect de notre environnement en nous appuyant sur la réglementation applicable.

*Plus spécifiquement et dans le cadre de cette ambition, **notre Politique qualité/hygiène – sécurité/environnement** s'articule autour des 3 axes suivants :*

• L'amélioration constante de la qualité de nos produits et services

Nous souhaitons nous distinguer significativement de nos concurrents, en séduisant nos clients par notre niveau de qualité et notre capacité à répondre à leurs besoins latents. Plus particulièrement nous visons à :

– diminuer nos délais de livraison

– benchmarker nos produits et nos services

– accentuer notre capacité d'innovation

• La maîtrise et la diminution des impacts vis-à-vis de l'environnement.

Nous considérons que la protection de l'environnement et notre intégration au sein de la collectivité comme une de nos priorités. Pour cela nous avons choisi comme priorités :

– La réduction de nos nuisances sonores

– Le tri et la valorisation des déchets

– La réduction de nos consommations en énergie

– Une meilleure intégration du site dans son environnement.

• L'amélioration constante de la Santé et de la Sécurité de nos Collaborateurs.

Nous nous engageons à identifier, prévenir et maîtriser toute atteinte

éventuelle à la santé et sécurité des personnes. En particulier, nous axons nos efforts sur :
- *La recherche de la meilleure ergonomie sur nos postes de travail*
- *La réduction des accidents du travail par une meilleure conception des locaux*

Pour réussir cette ambition, nous avons identifié plusieurs leviers d'actions communs

De la politique QSE, définir des objectifs mesurables et des plans d'actions

Comme pour une démarche qualité, de la politique QSE va découler des objectifs :

➤ Spécifiques car propres à l'entreprise, à la politique QSE, à sa volonté de progresser.

➤ Mesurables.

➤ Suffisamment Ambitieux pour être motivants.

➤ Réalistes.

➤ Temporels (ancrés dans le temps).

Cette étape est la première du PDCA : planifier des objectifs.

Ces objectifs vont naturellement porter sur :

➤ le **niveau de satisfaction/fidélisation des clients** et plus globalement **des parties prenantes :**
- % de clients satisfaits et très satisfaits.
- % de clients ayant recommandé l'entreprise.
- taux de retour clients.
- taux de service.
- nombre de lettres de réclamations en provenance des parties prenantes.
- taux d'évolution de nos gammes produit.

> **le niveau de santé-sécurité du personnel dans l'entreprise**

- le nombre d'accidents avec arrêt.
- le nombre de presque accidents.
- le nombre d'heures d'arrêt.
- les coûts des accidents.
- le nombre de risques critiques.

> **les performances environnementales**

- la consommation d'énergie.
- les volumes de déchets.
- des mesures chimiques sur l'eau rejetée ou les fumées.
- le nombre d'impacts significatifs en cours de maîtrise.
- la mesure des nuisances sonores.

> **le niveau de conformité réglementaire globale**

- nombre d'écarts relevés en cours d'audits.
- nombre d'injonctions d'entités officielles.

Ces éléments seront développés dans la partie indicateurs et tableau de bord QSE.

Planifier en global

Si la qualité était l'objet d'une planification formelle, dans un système QSE, la planification sera plus large mais toujours intégrée.

De la politique QSE découlent des objectifs QSE, puis des programmes d'actions QSE. Ils pourront avoir différents niveaux :

> les actions permettant d'atteindre les objectifs,

> les actions permettant de diminuer les risques QSE.

4. FAIRE ÉVOLUER SON SYSTÈME DOCUMENTAIRE

Créer un manuel QSE

Écrire son manuel QSE oblige à réfléchir à sa structure donc à l'articulation des éléments du système de management QSE.

Il n'existe pas aujourd'hui de référentiel intégré, nous citerons juste trois ouvrages qui peuvent aider à réfléchir aux canevas possibles :

➤ le projet de norme norvégien NSF du 27 août 1996,

➤ le document AFNOR AC 50-200 sur les bonnes pratiques et retours d'expérience des systèmes intégrés,

➤ le fascicule FDX50-189 de 2004 « lignes directrices pour leur intégration ».

Pour rédiger le manuel QSE, il est nécessaire de reprendre les éléments communs des systèmes Q, S, E

➤ Un engagement de la direction.

➤ L'écoute des parties intéressées.

➤ La formulation d'une politique, des objectifs.

➤ Une planification.

➤ Une définition des rôles et responsabilités.

➤ Un système documentaire.

➤ Des activités de surveillance et la maîtrise des équipements de mesure associés.

➤ Des audits.

➤ Des revues de direction.

➤ Un traitement des non-conformités, le déclenchement d'actions correctives et préventives.

Fonctionnement du SMI

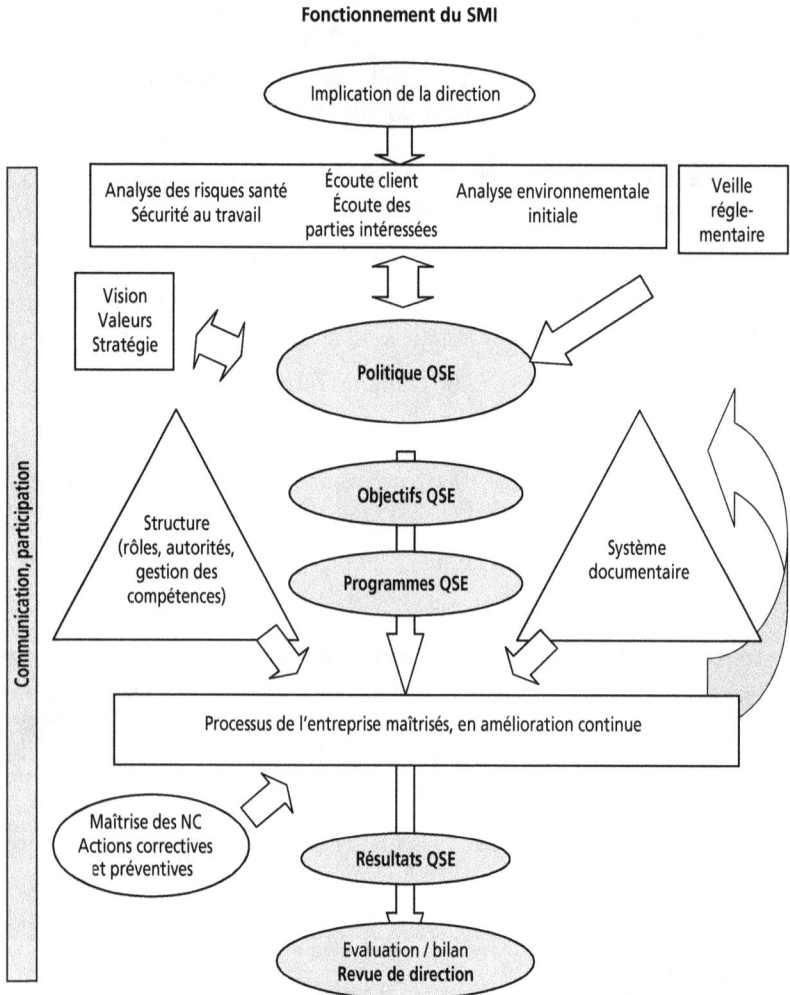

➤ Une importance donnée à la formation, la sensibilisation et l'adéquation des compétences aux postes clés.

➤ La communication.

À *ces éléments communs se rajoutent en particulier :*

➤ L'approche processus en qualité.

➤ L'analyse environnementale initiale en environnement.

➤ L'identification des risques santé/sécurité.

➤ La préparation et gestion des situations d'urgence.

➤ La veille réglementaire (même si elle existe déjà en qualité mais de manière moins imposante).

Reformaliser les éléments du système de management intégré va permettre de structurer et établir comment il fonctionne dans une logique d'amélioration continue.

Toute cette réflexion nous permettra de trouver naturellement les rubriques du manuel QSE qui a pour objectif de clarifier et de communiquer aux parties intéressées les dispositions prises par l'entreprise pour satisfaire ses clients, respecter l'environnement et assurer la sécurité de son personnel au travail dans un engagement constant de progrès continu (voir le schéma ci-contre).

Structurer son manuel

Une fois, le fonctionnement du système QSE synthétisé, on peut maintenant lister les éléments que l'on désire voir apparaître dans le manuel :

➤ la description de l'entreprise, de ses produits, quelques chiffres clés, ses clients, ses références, éventuellement deux mots sur l'historique,

➤ son organisation, ses processus, les responsabilités clés,

➤ comment l'entreprise a identifié les attentes des parties intéressées, ses impacts environnementaux, et les risques santé sécurité au travail,

➤ l'ambition de l'entreprise,

➤ l'engagement de la direction et sa politique QSE en tant qu'axe stratégique incluant les valeurs de la société,

➤ ses objectifs QSE et les programmes associés,

➤ son système documentaire, sa veille réglementaire,

➤ la gestion des ressources humaines,

➤ comment elle maîtrise sa conception, ses achats,

➤ comment elle gère ses interfaces avec les clients (processus commercial),

➤ le processus de communication interne et externe,

➤ la gestion de crise et de situations d'urgence,

➤ lle processus de production, le stockage, la livraison,

➤ la gestion des services supports,

➤ les mesures et contrôles réalisés, les audits, les enquêtes,

➤ le management de l'amélioration continue.

Cette liste n'est pas exhaustive. À ce stade on peut imaginer la création de deux manuels :

➤ un manuel synthétique plutôt commercial destiné aux commerciaux pour « vendre » le système QSE,

➤ et un manuel plus « système » qui décrit de façon plus précise le fonctionnement du système QSE et apporte des éléments clairs de réponses aux questions des auditeurs QSE internes et externes.

Nous vous proposons ci-dessous un sommaire possible de manuel QSE :

Sommaire du manuel QSE

1 - Généralités (domaine d'application)
2 - Description de l'entreprise
3 - Management QSE
    a. l'engagement de la direction
    b. les valeurs de l'entreprise
    c. la formulation de la politique QSE
    d. les objectifs QSE
    e. le programme   ☞

---

f. la revue de direction

4- Organisation, approche processus

a. organigramme

b. structure QSE

c. cartographie des processus

d. maîtrise et pilotage processus

5- Ecoute des parties intéressées et analyse des risques QSE

a. écoute client

b. prise en compte des attentes des autres parties intéressées

c. analyse des risques QSE

6- Communication

a. interne

b. externe

7- Système documentaire

a. veille réglementaire

b. maîtrise documentaire

c. enregistrements

8 - Ressources humaines

a. rôles, autorités et responsabilités

b. gestion des compétences

c. accueil au poste et formation continue

9 - Processus commercial

a. organisation de la fonction commerciale

b. traitement de l'offre et de la commande

c. interfaces avec les clients

d. traitement des réclamations

10 - Conception des produits : le processus, les interfaces

11 - Réalisation du produit

a. maîtrise du processus de production

b. gestion du produit non-conforme

c. identification et traçabilité

d. gestion des déchets

12 - Processus supports

  a. achats : évaluation, sélection, suivi

  b. maintenance

  c. système d'information

13 - Mesures et contrôles

  a. mesure de la satisfaction des clients et des autres parties intéressées

  b. audits internes

  c. surveillance QSE des processus

  d. maîtrise des équipements de mesure

  e. gestion des non-conformités et des accidents

14 - Gestion des situations d'urgence

  a. rappel produit

  b. organisation en cas de situations d'urgence

  c. simulation des situations d'urgence

15 - Actions d'amélioration au quotidien

  a. exploitations des données

  b. actions correctives

  c. actions préventives

  d. retour d'expérience

Adapter ses documents de travail

Nous l'avons vu, le manuel et la description sont à revoir si l'on veut passer d'un système qualité à un système QSE.

Plus globalement, on doit aussi revoir tous les documents de travail et les enregistrements qui vont maintenant s'appliquer à la fois au management de la qualité, de la sécurité et de l'environnement. On peut penser notamment à :

➤ la fiche d'accueil des nouveaux embauchés

➤ les procédures du système qualité (audit interne, action corrective et préventive, gestion documentaire…)

➤ aux cahiers des charges dans lesquelles on introduira des exigences environnement et sécurité

➤ la fiche d'action d'amélioration qui va servir maintenant aussi aux actions d'améliorations entreprises dans le cadre de l'environnement et la sécurité

Cette fiche permet d'enregistrer la mise en œuvre d'actions de progrès (correctives et préventives) au sein de l'entreprise. Elle va reprendre les éléments clés d'une procédure d'action corrective qualité. Elle inclura :

➤ la situation visée (niveau de risque, objectif lié à un indicateur)

➤ la recherche de cause primaire (la cause à l'origine, celle qui va vraiment permettre d'attaquer le problème constaté à la base)

➤ la vérification de l'efficacité de l'action mise en œuvre à chaud mais aussi à froid (pour garantir que le problème ne réapparaît pas à moyen terme)

➤ une réflexion sur la modification documentaire éventuellement occasionnée voire un lien avec une nouvelle recherche de risque QSE compte tenu de la modification possible du procédé

On peut imaginer une nouvelle fiche ainsi (voir page suivante).

Seront susceptibles d'être touchés par l'élargissement au domaine QSE des documents tels que

➤ le **dossier de conception** d'un nouveau produit ou processus dont les éléments vont être complétés d'informations sécurité/environnement

➤ les **fiches de fonctions** (où seront reprises les responsabilités QSE)

➤ et bien sûr aussi les **modes opératoires**, consignes au poste dans lesquels vont être intégrées pour plus de facilité à la fois les consignes de contrôle, de sécurité et d'environnement si besoin

➤ les **supports d'enregistrements**

➤ les **documents opérationnels**

	FICHE D'AMELIORATION QSE	FAC n°

Correctif ☐ suite à............... **FNC n°......** date : Service : Emetteur :
Préventif ☐

Qualité ☐ **Sécurité :** ☐ **Environnement :** ☐ **Autres**☐ : ....

NON CONFORMITE, ANOMALIE, RISQUE CONSTATE(E) :

Situation visée : *résultat pour le*

RECHERCHE DE CAUSES PROBABLES/POTENTIELLES :

CAUSE (S) RETENUE(S) :

CAUSE PREMIERE IDENTIFIEE:

ACTION (S) CORRECTIVE(S) PRÉVENTIVE(S) DECIDEE (S)

Pilote (*nom, fonction, service*) : **Délai d'application** **fait le :**

VALIDATION A CHAUD *par* *le.*

VALIDATION A FROID *par* *le*

MODIFICATION DU SYSTEME DOCUMENTAIRE (ref docs) :
Mise à jour analyse de risque QSE :

DECLENCHEMENT D'ACTION PREVENTIVE COMPLEMENTAIRE :

On peut dès lors imaginer par processus un document de travail global conçu selon ce modèle

Processus : produire			
Points clés pour la maîtrise			
Étapes	**Qualité**	**Sécurité**	**Environnement**
Appro palettes au poste	Vérifier la référence de la palette	Respecter les marquages au sol	Déchets : films palette en bac noir Cartons en bac vert

Ou plutôt par poste :

Mode opératoire réf. :   Poste :   Produit :

Validation :

Mode opératoire :

Contrôles qualité à effectuer :

Consignes environnementales concernant les déchets au poste :

Consignes sécurité :

Cette intégration démontre la volonté de travailler en cohérence et facilite énormément la prise en compte de la dimension QSE au quotidien dans le travail de chaque collaborateur de l'entreprise.

5. ÉLARGIR SA COMMUNICATION

La communication à deux niveaux : interne et externe

Compte tenu du nouveau périmètre du système de management, **la communication externe** ne va plus être limitée aux clients, elle va intégrer aussi :

➤ les collectivités locales, la société, les riverains.

➤ les partenaires (fournisseurs, sous-traitants, banquiers, fédérations professionnelles).

➤ ceux avec qui compter (préfecture, mairie, DRIRE, inspection du travail…).

➤ ceux sur qui compter (agence de l'eau, conseils régionaux, ADEME, CRAM, CCI…).

➤ les groupes de pression (associations diverses…)

➤ les entités sociales et syndicales de l'entreprise

La communication interne aura pour cible encore la direction, les actionnaires, le personnel. On intégrera maintenant le CHSCT, acteur important du système QSE.

Cette communication qui doit être ascendante et descendante a, au-delà de la remontée d'informations, de multiples enjeux.

Elle permet de prouver par une approche factuelle, la bonne foi de l'entreprise à respecter les différentes normes et/ou réglementations. Elle rassure. Elle montre en interne comme en externe que l'entreprise est inscrite dans une logique de développement durable. Elle valorise l'entreprise et la positionne clairement comme une entreprise responsable.

La communication en cas de crise est aussi bien sur un des aspects à prendre en compte (qui communique quoi à qui quoi sous quelle forme).

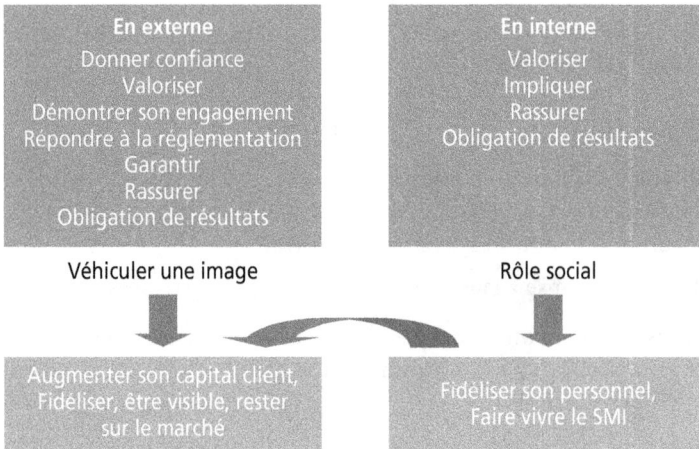

Rappel des exigences des référentiels ISO 9001, 14001 et OHSAS 18001 en matière de communication

ISO 9001 : la Direction doit communiquer sa politique qualité. Elle doit aussi assurer que des processus appropriés de communication sont établis au sein de l'organisme et que la communication concernant l'efficacité du système de management de la qualité a bien lieu.

L'entreprise se doit aussi de mettre en œuvre une communication efficace avec ses clients.

ISO 14001 : la politique environnementale est communiquée à toute personne travaillant pour ou au nom de l'organisme et est disponible pour le public.

L'organisme doit établir et tenir à jour des procédures pour :

➤ assurer la communication interne entre les niveaux et les différentes fonctions,

➤ recevoir et documenter les demandes pertinentes des parties intéressées externes et les réponses correspondantes.

L'organisme doit aussi décider s'il communique ou pas, en externe, sur ses aspects environnementaux.

L'OHSAS 18001

➤ La politique doit être communiquée à tout le personnel dans l'intention de sensibiliser les employés sur leurs obligations individuelles concernant la santé et la sécurité au travail ;

➤ Elle doit être mise à la disposition des parties intéressées.

L'organisme doit communiquer les informations pertinentes sur les exigences légales et les autres exigences à ses employés et aux autres parties intéressées concernées.

L'organisme doit avoir des procédures lui permettant d'assurer que les informations pertinentes sur la santé et la sécurité au travail sont communiquées au et par le personnel et les autres parties intéressées.

Les dispositions concernant l'implication et la consultation du personnel doivent être consignées par écrit et les parties intéressées doivent être informées.

Les employés doivent être :

➤ impliqués dans le développement et la revue des politiques et procédures de gestions des risques,

➤ consultés lors de la mise en place de tout changement affectant la santé et la sécurité sur le lieu de travail,

➤ informés de l'identité de leur représentant et de celle du membre de la direction chargés des questions de santé et de sécurité au travail.

Pour y répondre les moyens de communication sont nombreux

Il est possible d'utiliser en particulier :

Le manuel qualité QSE : il permet de transmettre la politique QSE et formalise les engagements en matière de QSE. Au final ce document démontre l'engagement de l'entreprise dans le domaine du QSE, il donne un sens à l'action sur le terrain.

Les journaux d'entreprise : ils permettent de communiquer en interne comme en externe les résultats du système QSE, valorisent les réussites. Ils expliquent aussi les différents projets, laissent s'exprimer les salariés sur des points particuliers du système QSE (les expériences, les réussites, les obstacles rencontrés, les idées…). C'est donc à la fois un outil de reconnaissance et de motivation pour les collaborateurs.

La rédaction d'un journal peut être aussi l'occasion de présenter un thème, une action spécifique (par exemple le traitement des déchets industriels spéciaux, la réglementation sur les Équipements de Protection Individuels…).

Ils présentent parfois les investissements éventuels imposés par le système (protection incendie, sécurité des machines, traitement des eaux polluées, formation…).

Destinés en priorité au personnel, ils peuvent être adressés aux partenaires sociaux, les actionnaires, les fournisseurs, les autorités…

Le livret d'accueil

Le livret est destiné aux nouveaux embauchés et sert parfois à véhiculer de manière simple la politique QSE. Il informe sur le métier, sur les risques potentiels liés à l'activité. et les consignes à respecter en termes de santé-sécurité-environnement. Il peut aussi communiquer le règlement intérieur. Dans une version très simplifiée une plaquette d'accueil peut être destinée à tout visiteur.

Les tableaux de bord par service et le tableau de bord consolidé QSE

Ils permettent de communiquer, de partager les résultats et de démontrer concrètement comment les engagements se traduisent en résultats. Les tableaux de bord bien construits informent et donnent confiance en l'efficacité du système. Ils rappellent en permanence les objectifs à atteindre et permettent à chacun de percevoir si leur contribution est efficace.

Pour l'externe, ils rassurent et valorisent l'engagement de l'entreprise.

Les manifestations QSE

On peut aussi imaginer des manifestations organisées par l'entreprise pour dynamiser son image et donner de l'impulsion. Elles sont destinées plutôt à l'interne mais peuvent être élargies aux clients, fournisseurs et partenaires. Quels types de manifestations peut-on imaginer ?

➤ Des Porte ouvertes.

➤ Des Stands QSE dans chaque service.

➤ Une Journée de la suggestion.

➤ Des Audits QSE dans tous les services !

➤ Visite d'une entreprise (benchmarking).

➤ Tous formateurs !

Les réunions

Bien sûr la réunion formelle entre les pilotes et les acteurs du processus, les chefs de services et les collaborateurs, la direction et la hiérarchie la direction et l'ensemble de l'entreprise. Tous ces circuits sont à privilégier pour que, au-delà des discours écrits sur le papier, les managers démontrent leur engagement en matière de QSE notamment en prenant le temps d'expliquer et de commenter les enjeux, les objectifs et les résultats.

Le rapport annuel

La loi sur les Nouvelles Régulations Économiques (NRE) que nous avons évoquée, introduit en son article 116 l'obligation pour les entreprises cotées sur le marché de publier dans un rapport annuel des informations relatives à leur gestion sociale et environnementale.

Les indicateurs à mentionner dans le rapport ne sont pas imposés par l'article 116 de la loi. L'entreprise doit donc les définir.

Et puis au quotidien...

C'est aussi au quotidien que se joue la communication, celle qui de façon très opérationnelle va ancrer les réflexes QSE dans l'inconscient. Un rappel de consignes par un manager, une explication par un auditeur QSE, une félicitation informelle ou pas lors de l'atteinte d'une réussite, la mobilisation spontanée en cas de dysfonctionnement... Tous ces éléments de management sont à privilégier pour mobiliser chacun.

Et en cas de crise...

La crise est un moment où tous les repères peuvent disparaître... La crise déclenchée, on observe parfois une désorganisation qui va accroître le phénomène de panique et rendre très difficile la communication.

Et pourtant, la communication en cas de crise est un élément à privilégier.

Techniquement en cas de crise, on a prévu des situations d'urgence par exemple en cas d'incendie, (c'est une exigence des référentiels environnement et sécurité) mais dans le cadre de la création d'un système QSE, il est important de se poser les bonnes questions :

➤ Avons-nous repéré toutes les situations de crise auxquelles nous pouvons être confrontés en matière de sécurité, qualité, environnement ?

➤ Pouvons-nous anticiper ces risques ? y faire face ? (On peut prévoir de s'assurer, de transférer le risque. de mettre en place un plan de surveillance, de secours).

➤ Les mesures prises permettent-elles d'en réduire la gravité (en terme d'image, d'impact sur la production, de conséquence pour les clients, l'entreprise).

➤ A-t-on défini les responsabilités en cas de crise ?

➤ Avons-nous défini des procédures à appliquer (concernant l'évacuation par exemple, l'accueil de secours, les organismes à contacter).

➤ A-t-on prévu les cellules de crise : celle qui s'occupera de la communication, celle qui génèrera la logistique, et celle qui assurera l'opérationnel (recueil et analyse d'informations, recherche des causes).

➤ Sait-on qui participe à ces cellules, leurs rôles ont-ils été clairement définis et acceptés ?

➤ En matière de communication a-t-on prévu un processus de communication ?

➤ A-t-on repéré les personnes auprès desquelles on doit communiquer ?

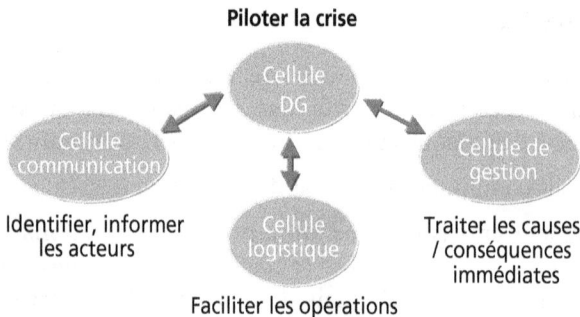

Piloter la crise

Cellule DG — Cellule communication — Cellule de gestion — Cellule logistique

Identifier, informer les acteurs

Traiter les causes / conséquences immédiates

Faciliter les opérations

Communiquer en cas de crise

On distingue ceux qui vont influer sur l'évolution de la crise et ceux sur qui la crise a un impact direct.

En fait dans ce cadre, la communication est un exercice difficile qui devra être laissé à des spécialistes.

Ceux qui influencent
l'évolution

Ceux sur qui la crise
a un impact direct

Médias.
Groupes de pression.
Leaders d'opinion.
Experts, avocats.
Administrations de tutelle.
Inspecteurs du travail.

Employés.
Consommateurs, clients.
Victimes.

La règle consiste à retenir 20 %
d'acteurs qui influent sur 80 %
de la situation.

Conseil d'administration.
Partenaires sociaux.
Concurrents, fournisseurs.

Source : Cegos

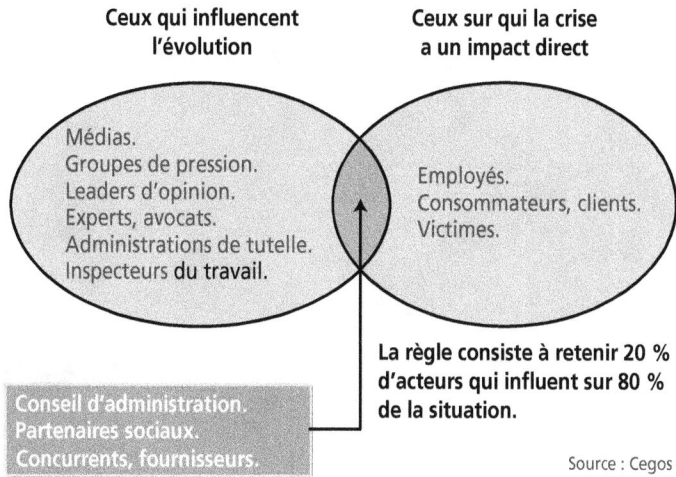

Lors de crise, on évitera

➤ le silence radio

➤ les démentis dans éléments factuels,

➤ la non-prise en compte des conséquences réelles pour les victimes,

➤ le manque d'humilité

➤ l'incapacité à fournir des infos

➤ des informations contradictoires

➤ la mise en cause injustifiée des médias

La sincérité et la transparence seront privilégiées.

CHAPITRE 5

Piloter son système QSE

1. CRÉER UNE FONCTION QSE

Pour piloter son système QSE créé ou en cours de création, il est nécessaire de remettre à plat l'organisation associée.

Les missions du responsable QSE

Un constat pour démarrer : si la fonction qualité est rattachée naturellement à la direction, il semble évident qu'il en sera de même pour la fonction QSE. Le responsable QSE va dépendre de directement de la direction. Ses tâches sont diverses. Et peuvent être très variées selon la taille et l'activité de la société. Citons-en toutefois quelques-unes :

Des missions liées à la **veille et à la définition d'objectifs** QSE avec la direction :

➤ s'assurer de la prise en compte dans le système des attentes de l'ensemble des parties intéressées,

➤ s'assurer de la mise à jour régulière de l'écoute client, de l'analyse des risques sécurité et des impacts environnementaux,

➤ assurer la veille réglementaire,

➤ être l'interlocuteur des parties intéressées,

➤ réaliser des études benchmarking de la concurrence,

➤ assurer une veille technologique en lien avec les objectifs QSE.

Celles liées au pilotage et à la déclinaison des objectifs QSE sur les processus :

➤ assurer le pilotage du SMI,

➤ rendre compte à la direction des résultats,

➤ alerter la direction en cas de besoin,

➤ organiser les audits QSE internes et externes,

➤ remonter à la direction un tableau de bord QSE consolidé et le commenter.

Celles liés à la construction du SMI :

➤ créer et piloter un système QSE conforme aux exigences réglementaires et autres exigences légales applicables,

➤ mettre en œuvre la politique QSE avec les pilotes de processus,

➤ créer les procédures QSE du système et le manuel,

➤ aider à la rédaction des autres documents des systèmes QSE (modèles, consignes).

Celles liés à l'animation du SMI :

➤ déclencher des actions d'améliorations du SMI,

➤ s'assurer de la sensibilisation QSE des collaborateurs,

➤ organiser la communication interne et externe.

Le responsable QSE apporte à la direction l'assurance que le système mis en place dans son entreprise lui garantit une maîtrise des risques acceptables. Il aide la direction à exprimer sa politique QSE en lui apportant des données indispensables en terme d'écoute clients, analyse de risques, veille réglementaire. Il lui donne ensuite les éléments de preuves (par le tableau de bord) que cette politique est mise en œuvre et que les objectifs sont atteints.

Son rôle est un rôle aussi d'alerte. La direction sait qu'en cas de dérive (constatée lors des audits ou lors des activités de surveillance) des dispositions sont prévues pour corriger, réagir, évaluer les risques associés et déclencher les actions nécessaires.

Vis-à-vis des managers, le responsable QSE se positionne aussi en ressource ; il aide les pilotes de processus à intégrer dans leur management la dimension QSE fondée sur l'amélioration et la gestion des risques. Il fournit les outils, les méthodes, accompagne et prend progressivement du recul pour laisser aux managers le pilotage de leur processus et l'animation du système QSE.

Ainsi, comme un responsable qualité, le manager QSE travaille finalement aussi un peu à sa perte !

Les responsabilités QSE : quelle structure ?

Dans tous les cas si on parle de système intégré on va partir du postulat qu'il n'existe qu'un seul responsable commun du système de management QSE.

Dans le cas le plus simple, le responsable qualité devient responsable QSE et l'organisation reste la même.

Ensuite selon la taille de l'entreprise, et l'existence ou non à l'origine de systèmes de management environnement et/ou sécurité plus ou moins formalisés de nombreuses solutions sont possibles :

➤ un responsable (ou directeur) QSE chapeaute le tout aidé par trois responsables : un qualité, un sécurité, un environnement,

➤ ou, ce qui est aussi possible, un responsable qualité et un responsable environnement/sécurité en raison des similitudes en matière de réglementation et de gestion des risques.

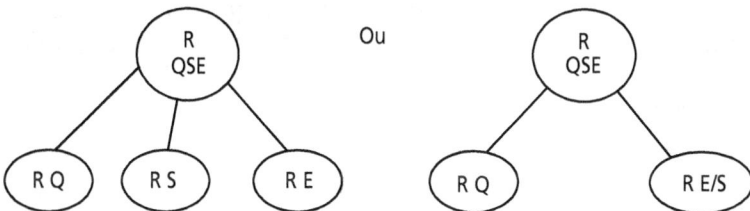

On peut aussi imaginer dans certaines entreprises ces schémas.

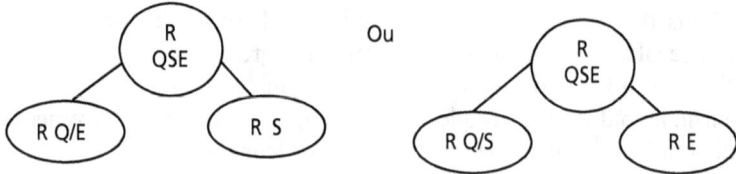

Du pilotage aux actions… les acteurs clés

La notion de comité de pilotage

Construire un système QSE, c'est s'inscrire dans un projet à moyen terme. Ce challenge va nécessiter de réunir des responsables dans une entité décisionnelle. Ce comité est constitué de personnes du comité de direction directement concernées par le périmètre du système de management intégré. Dans certaines structures on va retrouver les pilotes de processus. Le comité valide régulièrement l'avancement et le fonctionnement du système qualité, il prend des décisions, et chacun dans le groupe peut prendre en charge le pilotage plus précis d'actions QSE.

Le comité de direction

Il va se réunir à l'occasion des revues de directions QSE (au même titre que les revues de directions qualité). Nous aborderons ces réunions plus loin.

Faire vivre le QSE sur le terrain : les animateurs QSE

Le responsable QSE peut être aidé sur le terrain par des relais, des animateurs ou encore des correspondants QSE qui vont dans leur zone d'activité (ou dans leur processus) animer au quotidien le système QSE.

Plus concrètement ces relais vont :

➤ accueillir les nouveaux embauchés,

➤ mettre à jour les tableaux de bords QSE dans leur domaine d'activité,

➤ aider à la préparation des audits internes et externes,

➤ participer à la rédaction des documents QSE,

➤ suivre les fiches d'actions correctives et préventives,

➤ proposer des actions d'amélioration,

➤ animer des groupes de progrès.

Les auditeurs

Ils ont aussi un rôle important dans l'animation du système QSE. Passer d'un audit qualité à un audit QSE va nécessiter de l'aide (formation, tutorat). L'audit QSE fera l'objet d'un point plus loin.

2. LE TABLEAU DE BORD QSE

Quelques rappels sur le tableau de bord

Le tableau de bord est constitué d'indicateurs (donc des éléments mesurables) qui permettent au manager de piloter son activité.

Le tableau de bord est donc un outil :

➤ de diagnostic (on connaît les résultats) ;

➤ de performance (on compare les résultats aux objectifs prévus) ;

➤ et enfin, d'action, le constat déclenchant une analyse et une décision (on continue si tout va bien, on réagit s'il y a dérive).

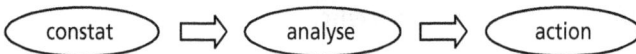

$$ \boxed{constat} \Rightarrow \boxed{analyse} \Rightarrow \boxed{action} $$

Au-delà de son rôle dans la mise en œuvre du PDCA, le tableau de bord, il ne faut pas l'oublier est aussi un outil précieux de communication et de motivation. On ne peut impliquer, engager le personnel dans l'action sans lui donner en retour de l'information rationnelle (on donne des faits, commentaires) et émotionnelle (on ajoute des mots d'encouragements de félicitations ou d'alerte).

UN TABLEAU DE BORD POUR

- Disposer d'éléments factuels chiffrés
- Constater
- Comparer/ par rapport à des objectifs
- Réagir
- Informer
- Démontrer, rassurer
- Alerter
- Mesurer l'efficacité des actions entreprises
- Motiver, impliquer

Le principal reproche que l'on peut faire aujourd'hui à propos des tableaux de bord, c'est que la plupart du temps il y a confusion entre tableau de bord et relevés de mesures. On observe des tableaux de bord alimentés par de nombreux indicateurs sans objectif défini, sans commentaires associés et ne déclenchant pas de décisions.

Quel que soit le niveau auquel on se situe, le tableau de bord est simple (peu d'indicateurs), chaque indicateur reprend son objectif, des commentaires (ce qui a été fait, ce qu'il reste à faire, où on en est ?). Il est communiqué, affiché et toujours commenté.

La lecture d'un tableau de bord doit rendre « plus intelligent » le lecteur : au final on sait pourquoi on suit ces indicateurs, la situation initiale et celle visée, ce qui a été mis en œuvre pour atteindre l'objectif et ce qui sera fait plus tard.

Exemple de mise en forme d'indicateur

Nb de suggestions QSE proposées par le personnel par mois

➤ Objectif : + de 5 par mois

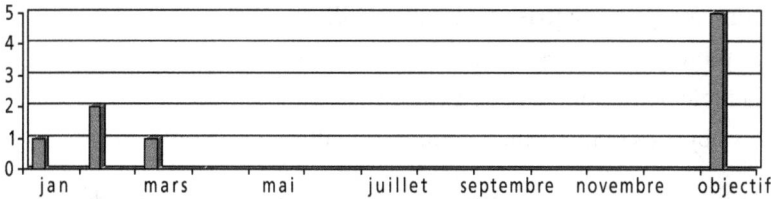

➤ Tendance : L

➤ Commentaires : malgré les actions lancées en début d'année (campagne de sensibilisation, réunion de service) nous n'atteignons par notre objectif.

➤ Actions de pilotage sur les 4 derniers mois, chaque manager doit organiser une journée « suggestions » et créer un tableau d'affichage dans son service.

Choisir des indicateurs QSE

On va parfois trop vite pour choisir ses indicateurs QSE. Une phase de réflexion préalable s'impose : a quoi vont servir ces indicateurs ? que doivent-ils me permettre de suivre ? Jusqu'à quel niveau de détail aller ? me permettront-ils réellement de piloter ?

Si on revient au cœur de notre problématique QSE, on distinguera :

Le tableau de bord QSE de la direction

C'est un tableau de bord consolidé dans lequel n'apparaît qu'une dizaine d'indicateurs clés permettant à la direction de constater si oui ou non le système de management QSE en place dans son entreprise est efficace et plus précisément si les objectifs QSE qu'elle a exprimés dans le cadre de sa politique QSE sont atteints.

Ce tableau de bord permet donc régulièrement à la direction de vérifier que :

➤ son entreprise maîtrise ses risques QSE,

➤ sa politique QSE répond aux attentes du marché,

➤ la réglementation, dans son entreprise est appliquée,

➤ les objectifs QSE qu'elle a choisis sont atteints ou vont l'être.

Cela lui permet aussi de voir quels sont les points critiques de l'entreprise en matière de QSE (exprimés en terme de produit, activité, zone par exemple), avec au final 4 questions clés :

➤ mes clients sont-ils de plus en plus fidèles ?

➤ l'environnement est-il préservé ?

➤ les accidents du travail sont-ils moins nombreux ?

➤ sommes-nous vraiment passés du curatif au préventif ?

Ensuite, le tableau de bord QSE d'un responsable QSE

Il pourra intégrer en plus des indicateurs de gestion pure du système du management QSE (exemple : la planification des audits, le suivi du plan de communication, le pourcentage d'actions correctives soldées dans les délais) et les indicateurs d'efficacité et de surveillance QSE (sur les produits, les performances environnementales, les observations sécurité).

Et puis, chaque pilote de processus

Chaque pilote de processus suivra plus dans le détail la performance QSE de ces processus comme dans chaque service où entité.

On constate donc qu'il n'existe pas un mais des tableaux de bord QSE dans une entreprise. Chacun dépend du niveau de pilotage auquel il s'attache, et chacun peut y inclure ses propres indicateurs QSE.

On distinguera aussi les **indicateurs de performance et de surveillance.**

Les indicateurs de performance

Ils permettent de constater si oui ou non le processus ou le système observé remplit bien sa finalité (la mesure est naturellement sur les résultats finals).

Les indicateurs de surveillance

Ils assurent le contrôle du bon déroulement du processus (la mesure est plutôt en intermédiaire) et/ou de surveiller un paramètre clé du processus.

Prenons un exemple sur un processus de distribution ; on suit en indicateur de performance le taux de service (% de livraisons assurées dans les délais) et en indicateur de surveillance le nombre de commandes en cours au poste 5 (on sait que si ce nombre dépasse un seuil, il y a de fortes probabilités pour que les commandes prennent du retard) ou autre indicateur de surveillance le temps moyen de réalisation de l'activité.

De même sur un processus de fabrication pour diminuer significativement la consommation d'énergie on surveillera en particulier deux ou trois procédés clés sur ce processus.

Pour la sécurité : l'indicateur de performance sera lié aux accidents déclarés en globale, mais chaque activité clé surveillera aussi ce paramètre.

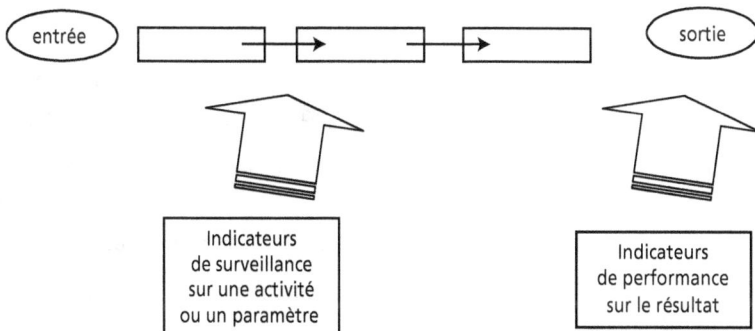

L'indicateur qu'il soit de performance ou de surveillance est :

➤ Utile

➤ Pertinent

➤ Sensible

➤ Simple

➤ Associé à un objectif.

Le tableau de bord QSE de l'entreprise

C'est un challenge de définir le tableau de bord QSE de l'entreprise, celui qui consolidé permet de suivre les performances QSE globales de la société.

Pour le construire, on repartira naturellement de la politique QSE exprimée par la direction :

➤ sur quoi nous sommes-nous engagés en matière de qualité, d'environnement et de sécurité ?

➤ quels sont nos axes de progrès définis ?

➤ quels points de surveillance avions-nous identifié ?

➤ quels sont au final, les 7-8 paramètres qui nous permettent de nous assurer que notre système QSE remplit sa mission ?

➤ quels indicateurs associés à ces paramètres allons-nous suivre ?

Tout paramètre sans indicateur doit déclencher une réflexion.

Tout indicateur existant que nous ne pouvons rattacher à un paramètre à suivre est inutile.

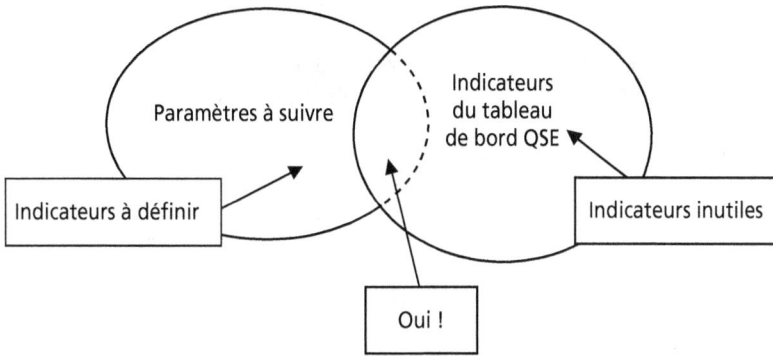

Quels sont les paramètres à suivre ?

Quelle que soit la politique QSE définie par l'entreprise il y a fort à parier qu'une direction, soucieuse de son engagement QSE demandera à disposer d'éléments sur :

➤ la conformité de ses produits et la satisfaction globale de ses clients,

➤ la conformité réglementaire QSE,

➤ ses performances environnementales, la perception des parties intéressées,

➤ ses performances en matières de santé et sécurité au poste de travail,

➤ et sans doute, d'autres paramètres liés à sa politique QSE (par exemple l'implication du personnel, la performance de processus repérés comme stratégiques,...) et aussi la mesure de la maturité du système QSE que nous aborderons plus loin...

Ces paramètres étant définis, les indicateurs associés seront exprimés, ils dépendent de l'entreprise, de son mode de fonctionnement, de sa maturité. Ils seront choisis pour leur pertinence et leur facilité de mesure. Nous donnons ici juste quelques exemples.

	Paramètres à suivre QSE	Indicateurs QSE
Q	Conformité des produits	Démérite produit* % de produits conformes Taux de service
	Satisfaction des clients	% de clients satisfaits et très satisfaits % de clients fidèles
S	Sécurité du personnel	Taux de gravité global des accidents** Taux de fréquence des accidents *** % d'objectifs sécurité atteints dans l'année
E	Performance environnementale	% réduction en Consommation d'eau potable % réduction en Consommation d'électricité Qualité des eaux rejetées (DCO rejetée Demande Chimique en Oxygène) Volume de déchets triés Réduction d'émission de protoxyde d'azote et d'émission d'oxyde de soufre
QSE	Efficacité du système QSE	% d'actions correctives soldées dans les délais % de problèmes répétitifs % de personnes impliquées en groupe de travail Niveau de maturité du système qualité Nombre de réclamations des parties intéressées Niveau de maturité du système QSE % de conformité réglementaire suite aux audits QSE

* Note attribuée à un produit en fonction des défauts présents

** Taux de gravité : nombre de journées perdues (arrêt de travail) pour mille heures de travail

*** Rapport entre le nombre d'accidents avec arrêt de travail et la durée du temps de travail (soit le nombre d'accidents ayant entraîné un arrêt de travail divisé par le nombre d'heures travaillées et multiplié par un million)

En sécurité, on peut aussi calculer des **compléments de taux de fréquence :**

TF0 = (nb passages infirmerie × 1 000 000)/nombre d'heures travaillées

TF1 = (nombre d'accidents du travail ayant nécessité consultation extérieure × 1 000 000)/ nombre d'heures travaillées

TF2 = avec le nombre d'accidents du travail ayant nécessité consultation extérieure et arrêt de travail

On calcule le nombre d'heures travaillées chaque mois en multipliant le nombre de salariés total par le nombre de semaines du mois et le nombre d'heures de travail hebdomadaires.

Exemple de tableau de bord QSE

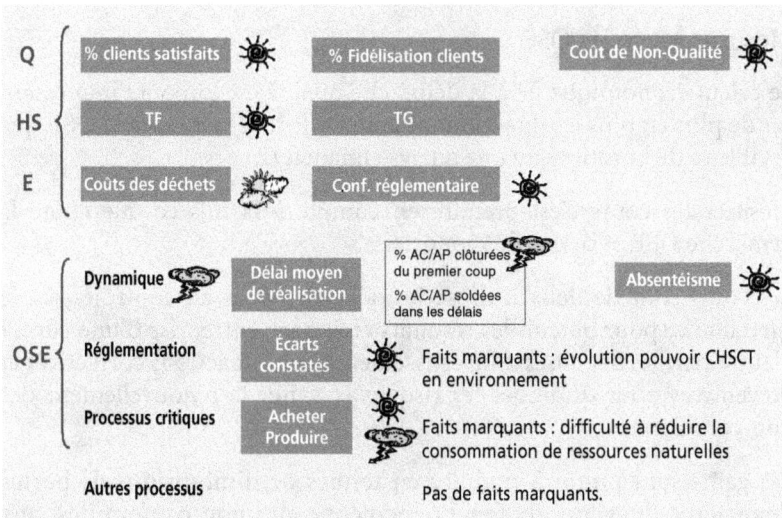

Le tableau de bord du responsable QSE

Le responsable QSE pourra disposer d'autres données qui lui permettent de surveiller son système QSE :

> ➤ des données sur la planification des audits (% des audits réalisés dans les délais) ou sur la réactivité suite au constat d'anomalie (délai moyen de rédaction du plan d'action suite au constat d'une non-conformité)

> ➤ des bilans sur les résultats d'audits (type de non-conformité constatée, gravité, synthèse par processus)

> ➤ des données sur la dynamique du système : exemple % d'actions correctives soldées dans les délais

> ➤ des informations sur les processus critiques

…

Mesurer les coûts QSE

Le calcul économique lié à la démarche qualité est toujours intéressant car de plus en plus les directions attendent de leur responsable QSE que le tableau de bord intègre une analyse financière.

Mesurer les coûts c'est prendre en compte à la fois ce que coûte la démarche QSE et ce qu'elle rapporte.

Les coûts sont de deux ordres : les dépenses dues au contrôle et à la surveillance pour obtenir les résultats visés par l'entreprise d'une part et d'autre part les dépenses d'investissement liées aux actions correctives et préventives pour diminuer les risques et éviter le renouvellement des non-conformités.

Les gains sont plutôt à traduire en termes de **diminutions de pertes financières** dues aux dysfonctionnements, aux non-conformités, aux accidents. On distinguera toutes celles détectées en interne et celles déclenchées par le client ou les parties intéressées.

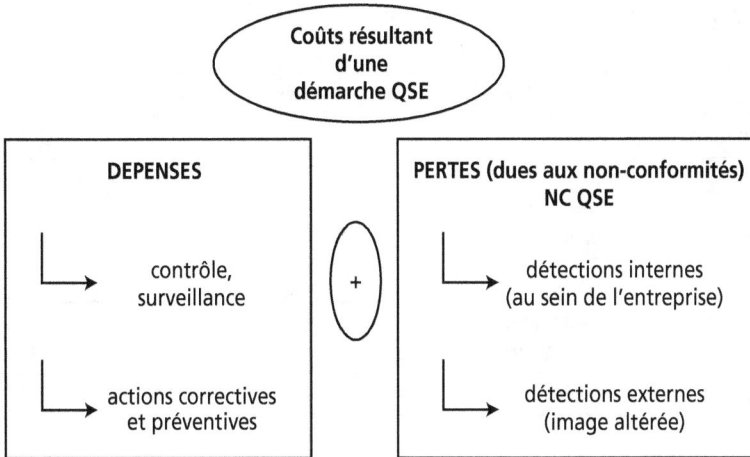

Ce que l'on vise c'est, si on augmente des dépenses liées au système QSE (D QSE), d'observer une diminution des coûts des non-conformités (NC QSE), la somme des deux éléments (coûts du SMI) ne pouvant être nulle, il faut trouver le bon équilibre, la zone juste d'investissement.

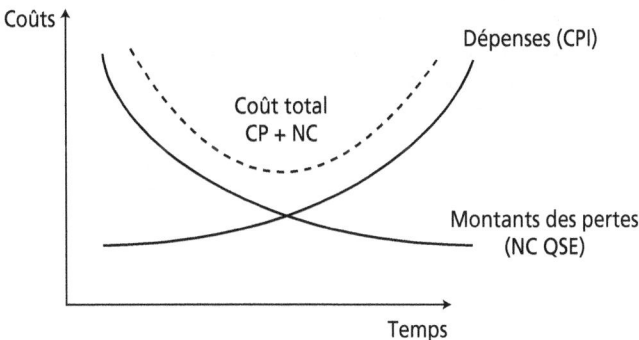

L'équilibre est fragile : si on arrête de contrôler, les dysfonctionnements peuvent augmenter, si on dépense trop, on n'est plus « rentable ».

Repérons quelques éléments de dépenses (D QSE).

	Éléments de coûts de surveillance et contrôle
Domaine	
Q	Contrôle des produits (heures, matériel, frais de destruction des produits, consommables) : réception, en cours et en final, coûts de l'autocontrôle
S	Coûts des audits de conformité
E	Coûts des audits de conformité Coûts des surveillances rejets
QSE	Frais liés à la métrologie
Autres	
	Éléments de coûts de prévention et de correctif
Domaine	
E	Coûts de traitement des déchets
QSE	Frais de rédaction de document Coûts d'analyse des risques QSE Coûts de la formation Coûts de la sensibilisation Coûts liés aux actions chez les fournisseurs et sous-traitants Coûts des audits préventifs Coûts des groupes de travail pour analyser les accidents, non-conformité, incidents..l Coûts des actions correctives et/ou préventives
Autres	

Repérons quelques éléments de coûts liés aux non-conformités (NC QSE).

	Éléments de coûts de NC internes
Domaine	
Q	Rebuts (produit jeté) : coûts du produit et éventuellement de la destruction Retouches (heures supplémentaires) Déclassement (perte de chiffre d'affaires) Analyses supplémentaires Coûts dus au surstock
S	Indemnisation de blessés Surcoût des cotisations sociales Coûts engendrés par l'absentéisme
E	Redevances versées aux agences de bassin Coûts d'analyse supplémentaire
QSE	Heures passées à l'examen des non-conformités, accidents Coûts des amendes
Autres	Coûts des achats non utilisés Heures non productives dues à un incident QSE Surcoûts des primes d'assurances Gaspillage
	Éléments de coûts de NC externes
Domaine	
Q	Coûts des réclamations clients (visite de commerciaux, indemnités, avoirs, frais de retour remplacement produit en urgence, rappel produit) Pénalités de retard Coûts des frais de service après-vente (produit sous garantie)
S	Amendes
E	Amendes
QSE	Frais de justice, frais occasionnés par une gestion de crise
Autres	

Calculer ces coûts n'est pas chose facile, et souvent c'est une estimation sur laquelle on va travailler. (On oublie par exemple la surqualité qui coûte cher, la perte d'image difficile à évaluer financièrement,…). On ne recherche pas à être parfait, ce que l'on vise, c'est une vision financière à la fois des coûts de dysfonctionnements et des dépenses engagées pour observer, quand cela est possible, la rentabilité de la démarche.

Ce qui est important est d'évaluer raisonnablement les rubriques les plus importantes compte tenu de son activité et d'observer un équilibre entre les 4 grandes familles de coûts.

Le responsable QSE sera soucieux de mettre dans son tableau de bord des éléments de coûts et de privilégier :

➤ en parallèle la mesure des coûts incidents et l'évaluation des coûts des actions correctives et préventives. C'est un élément aussi important que la notion de risque dans la prise de décision ;

➤ la prévention plutôt que le contrôle. Contrôler peut être rassurant mais coûte cher. À chaque fois que cela est possible on choisira de diminuer la probabilité d'apparition du risque plutôt que de mettre en place des contrôles répétitifs qui coûteront à long terme très cher.

3. FAIRE DES BILANS DU SYSTÈME QSE

Pour piloter son système, il convient de faire des points réguliers sur les résultats et les actions en cours. Ces bilans sont planifiés :

➤ analyse des données formelles et informelles dont on dispose,

➤ synthèses régulières avec la direction, les managers, les pilotes de processus, le réseau QSE (auditeurs, correspondants QSE),

➤ des points sur l'état d'avancement des plans d'action avec les responsables d'action,

➤ mise à jour régulière du tableau de bord.

La revue de direction prend une nouvelle dimension

On ne va plus se limiter aux constats qualité, c'est l'efficacité du système de management QSE qui va être étudiée dans sa globalité (performance en terme de sécurité et d'environnement en plus). Cela nécessite de préparer encore plus efficacement cette synthèse.

On recueille des faits dans les trois domaines, on choisit une présentation dynamique, en recherchant en permanence à aller à l'essentiel. Les informations complémentaires seront étudiées seulement en cas de besoin.

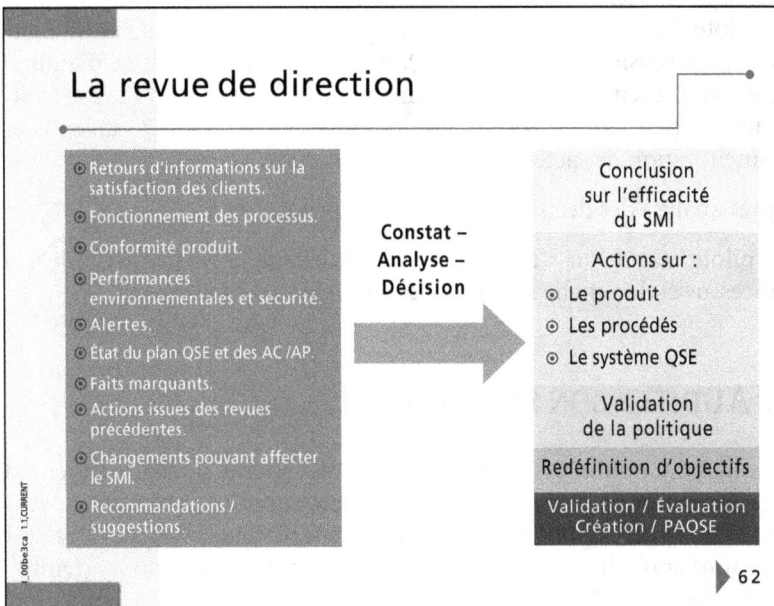

La revue de direction

- ⊙ Retours d'informations sur la satisfaction des clients.
- ⊙ Fonctionnement des processus.
- ⊙ Conformité produit.
- ⊙ Performances environnementales et sécurité.
- ⊙ Alertes.
- ⊙ État du plan QSE et des AC /AP.
- ⊙ Faits marquants.
- ⊙ Actions issues des revues précédentes.
- ⊙ Changements pouvant affecter le SMI.
- ⊙ Recommandations / suggestions.

Constat – Analyse – Décision

Conclusion sur l'efficacité du SMI

Actions sur :
- ⊙ Le produit
- ⊙ Les procédés
- ⊙ Le système QSE

Validation de la politique

Redéfinition d'objectifs

Validation / Évaluation Création / PAQSE

62

Source : cegos

Les revues de processus sont aussi des éléments clés du pilotage

Organisées par le pilote environ deux fois par an, elles permettent de faire un bilan complet de la dynamique QSE au sein d'un processus.

Animées par le pilote, elles réunissent les acteurs clés du processus, ses clients, ses fournisseurs et vont permettre de passer en revue les résultats et faits marquants QSE. À l'issue de la réunion, le pilote statuera sur l'efficacité de son processus et décidera ou non d'actions d'amélioration.

C'est à l'occasion de ces revues que l'on peut décider de mettre à jour une analyse de risques.

Il s'agit pour le pilote de rappeler et valider la finalité du processus, ses composants, reprendre les objectifs QSE définis, mesurer l'avancement du plan d'action et analyser les indicateurs (les comparer aux objectifs). Le pilote étudiera aussi les faits marquants depuis la dernière revue de processus (dysfonctionnements QSE, réclamations, résultats d'audits), l'évolution éventuelle de l'environnement (au sens large) du processus (attentes des parties intéressées, réglementation) et les suggestions d'amélioration des acteurs et clients.

Après analyse des décisions devront être prises.

Le pilote statue sur l'efficacité et éventuellement la maturité de son processus et déclenche si besoin des actions d'améliorations.

4. AUDITER SON SYSTÈME QSE

L'audit est un outil très important dans un système de management : il ne s'agit pas uniquement de contrôler si les dispositions prévues (moyens, procédures) sont appliquées, mais également d'évaluer si la manière dont elles sont appliquées est efficace et si les objectifs associés sont atteints.

Auditer, c'est chercher à répondre à 3 questions :

➤ Applique-t-on ce qui est prévu ? et exigé par les référentiels, la réglementation et les parties intéressées ?

➤ Obtient-on les résultats visés ?

➤ En avons-nous toutes les preuves ?

À l'issue de la visite, l'auditeur aura ainsi évalué si la double « **conformité résultat/moyens** » est réelle au sein du système de management QSE.

Résultats/ Objectifs Moyens prévus	C	NC
C	**1** Bravo ! Continuer ainsi, ne rien modifier.	**4** Modifier ou compléter les références pour qu'elles permettent d'atteindre les objectifs.
NC	**3** Modifier les références, les rendre conformes à la pratique qui permet d'atteindre les objectifs.	**2** – Appliquer les moyens, – Vérifier que les objectifs sont alors atteints, – Vérifier le système pour que la NC n'apparaisse plus.

NB

Les objectifs visés sont souvent la conformité à une norme ou réglementation ou référentiel type ISO mais surtout, il ne faut pas le perdre de vue « la satisfaction du client », la « sécurité du personnel », la « protection de l'environnement » et aussi, l'efficacité interne de l'entreprise et le respect de la politique QSE.

Puis en cas de constat d'écart, rechercher à progresser :

➤ Que faire pour corriger ?

➤ Où s'améliorer ? comment s'y prendre ?

C'est de la responsabilité de l'audité de définir face à chaque écart une action corrective.

L'audit QSE doit donc avant tout être considéré comme un outil de progrès et non comme un simple « flicage ».

Il s'inscrit dans un **processus global d'amélioration.**

Les audits nous permettent de recueillir des informations fiables à partir desquels il sera possible de déclencher un plan d'action.

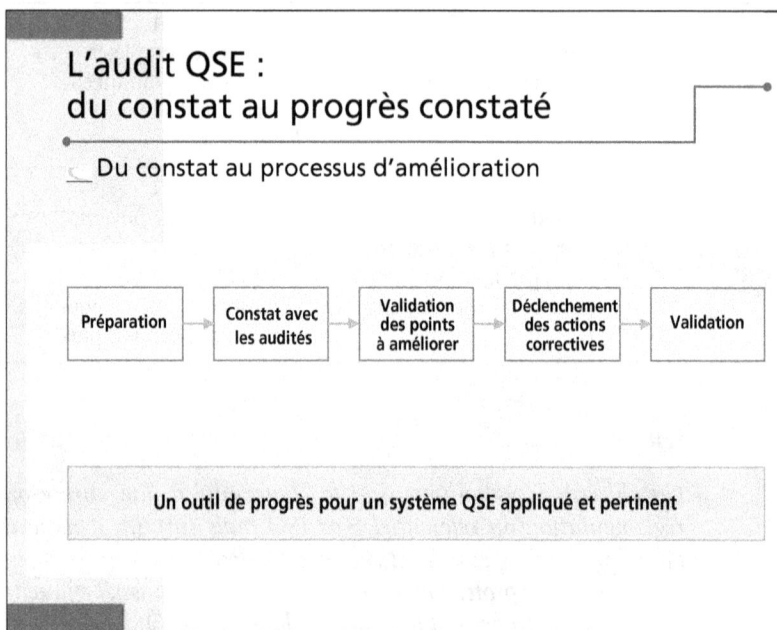

L'audit QSE : du constat au progrès constaté

⌐ Du constat au processus d'amélioration

| Préparation | → | Constat avec les audités | → | Validation des points à améliorer | → | Déclenchement des actions correctives | → | Validation |

Un outil de progrès pour un système QSE appliqué et pertinent

La garantie de l'efficacité de l'audit va porter à la fois sur les compétences de l'auditeur et les impératifs liés à l'audit proprement dit.

But des audits QSE

Le but d'un audit ne peut pas être « d'en faire un de plus » même si les objectifs que se fixent les entreprises sont trop souvent de réaliser un « Plan d'audits » défini par un « nombre d'audits » à réaliser durant une période donnée.

On peut ainsi décider de déclencher un audit pour :

➤ **Soit évaluer une situation** en se demandant par exemple : l'organisation QSE est-elle conforme aux référentiels ? répond-elle aux exigences clients permet-elle d'atteindre les objectifs fixés ? le SMI est-il efficace, permet-il d'atteindre les objectifs QSE fixés par la direction ? est-il conforme à la réglementation en vigueur ? Il s'agit alors d'un audit d'évaluation.

➤ **Soit vérifier qu'il n'y a pas eu de dérive** par rapport à une situation connue antérieurement, en se demandant par exemple : l'autocontrôle est-il toujours appliqué selon la procédure (audit préventif) ?

➤ **Soit de trouver les causes d'un problème** : il s'agit souvent dans ce cas d'audit processus et/ou procédé, à la suite du constat d'une non-conformité.

➤ **Soit de vérifier l'efficacité** du plan d'action précédent (audit de suivi).

Types d'audits

Les audits peuvent porter sur :

➤ un processus du système de management QSE,

➤ la totalité du système QSE,

➤ une activité de l'entreprise…,

➤ un poste,

➤ une procédure.

Il s'agit du champ d'application de la procédure qui peut être complétée par un lieu géographique, une unité ou une période d'audit.

Type d'audit de la qualité	But : Répondre aux questions
Système	L'organisation QSE (le système) répond-elle aux exigences des référentiels choisis ? Est-elle efficace ?
Processus	Le processus est-il appliqué conformément à ce qui est prévu (écrit) ? Le processus permet-il d'atteindre les objectifs de QSE définis ? Le processus est-il conforme aux exigences des référentiels et de la réglementation en vigueur ?
Produit/ prestation de service	Le produit ou prestation répond-il aux exigences du client ? ET La prestation est-elle conforme aux spécifications, définies ?
Procédure	La procédure permet-elle d'atteindre les objectifs QSE définis ? La procédure est-elle appliquée conformément à ce qui est prévu (écrit) ?

Au-delà de ces différents types, on distingue aussi l'audit interne et l'audit externe.

Quelle est la place des audits dans la mise en œuvre du SMI ?

L'audit peut intervenir au début d'une démarche pour vérifier les écarts existants par rapport aux exigences d'un référentiel (type ISO).

Il se positionne aussi naturellement une fois que l'entreprise a créé son système, pour vérifier l'application des dispositions définies, leur conformité par rapport aux référentiels choisis et l'atteinte des objectifs.

L'audit interne se situe donc après la réalisation des analyses de risques, l'écoute client et la mise en œuvre d'un système intégré.

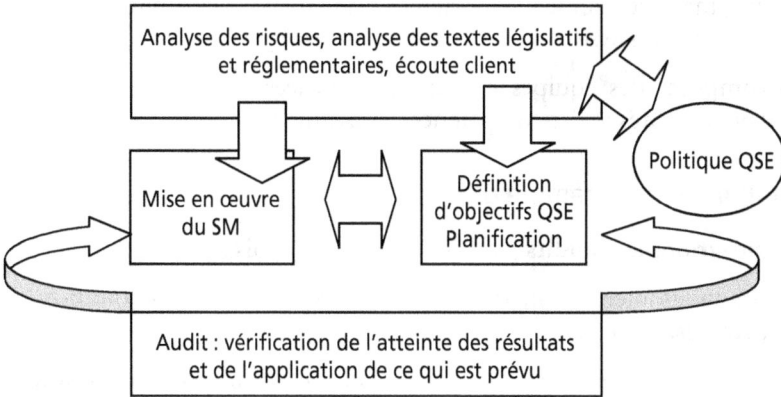

S'organiser pour auditer son système QSE

L'organisation va naturellement inclure l'animation de l'équipe d'auditeurs et la planification des audits.

Gérer une équipe d'auditeurs

Être auditeur QSE ne s'improvise pas. Pour réaliser des audits dans une entreprise il faut être qualifié. Les critères de qualification sont variables d'une entreprise à l'autre mais on retrouve souvent 4 points de repère :

➤ une connaissance du système intégré et des référentiels QSE

➤ une formation à l'audit

➤ une pratique de l'audit (un à deux audits avant d'être auditeur responsable).

➤ une connaissance de l'entreprise

À ces quatre critères s'ajoutent selon les audits et les activités de l'entreprise, des compétences techniques, réglementaires particulières.

Une fois les auditeurs formés, qualifiés, il s'agit de :

➤ maintenir la qualification (par la pratique d'un ou deux audits par an), mais bien sûr le comportement et l'attitude de l'auditeur sont des critères d'analyse.

➤ composer des équipes d'audits appropriées en tenant compte des personnalités et des compétences individuelles.

Établir son programme d'audit

Le programme d'audits peut comprendre à la fois :

➤ des audits internes couvrant le système QSE sur un an (audits processus, activités, poste…),

➤ des audits internes conduits par des experts sur des points critiques (réglementation…),

➤ des audits de certification,

➤ des audits fournisseurs.

Ce programme va tenir compte de nombreux paramètres, notamment de la taille de l'entreprise, de ses activités et des résultats des audits antérieurs et de la réglementation en vigueur… Il est communiqué aux parties concernées et est suivi régulièrement. Chaque année **un bilan** des audits et/ou des auditeurs a lieu pour déclencher si besoin des actions d'amélioration.

Le Responsable QSE a donc la responsabilité de :

➤ Mettre en place la procédure d'audit interne.

➤ Tenir à jour la liste des auditeurs habilités.

➤ Élaborer tous les ans (ou 18 mois) un programme d'audit qui concerne l'ensemble du système intégré. La fréquence des audits tiendra compte du type d'audit, de la réglementation, des résultats des audits précédents de l'activité des secteurs audités.

➤ Communiquer le planning aux intéressés.

> Suivre le planning d'audit.

> Archiver les rapports d'audits – Valider leur pertinence.

> Suivre la réalisation des actions correctives.

> Valider (ou déléguer) l'efficacité des actions correctives.

> Solder les audits.

> Surveiller le fonctionnement et l'amélioration du programme d'audit.

Les activités de l'audit : trois étapes clés comme pour tout audit

> ÉTAPE 1 – La préparation de la visite d'audit : détermination du but et périmètre de l'audit, constat audité, planning d'audit, préparation du questionnaire d'audit.

> ÉTAPE 2 – La visite d'audit : réunion de lancement, interviews et réunion de clôture pendant laquelle les auditeurs vont présenter et faire valider leurs conclusions.

> ÉTAPE 3 – L'après visite d'audit : rédaction du rapport par les audités, déclenchement du plan d'action par les audités et validation de l'efficacité des actions.

Il est important d'insister sur l'existence de ces trois étapes car, pour beaucoup, l'audit se confond avec la « Visite d'audit ».

La préparation est la plus longue, c'est au cours de cette étape que les auditeurs rassemblent et étudient les documents du système QSE (selon le cas : manuel QSE, procédures, fiches d'identités).

Les auditeurs vont également créer un « questionnaire d'audit » qui est en fait la check-list des points à vérifier, autant de questions auxquelles ils désirent des réponses factuelles.

Exemple de questionnaire d'audit processus

Les audits processus permettent de s'assurer du bon fonctionnement du processus.

C'est aussi l'occasion d'évaluer si les clients sont de plus en plus satisfaits, si chaque activité est nécessaire et correctement réalisée, si le personnel réalise son travail en toute sécurité et si l'environnement est réellement respecté.

Pour construire son questionnaire d'audit processus, l'auditeur s'aidera des exigences des référentiels choisis (par exemple ISO 9001, 14001, OHSAS 18001 et des dispositions propres, mises en œuvre par l'entreprise).

Nous vous proposons ci-joint un exemplaire de questions d'audit processus (non exhaustives).

Questions	Oui	Non	Commentaires (preuves)
1 – la description du processus et moyens			
Les séquences sont-elles décrites ?			
Les données d'entrée et de sortie sont-elles formalisées ?			
Les données de sortie incluent-elles les déchets et rejets ?			
Ces déchets sont-ils gérés efficacement ?			
Les interactions avec les autres processus sont-elles décrites ?			
A-t-on défini des règles concernant la modification des processus ?			
Les dispositions prises au sein du processus sont-elles conformes, le cas échéant aux exigences de la norme ISO 9001 ?			

Questions	Oui	Non	Commentaires (preuves)
Les aspects environnementaux liés à ce processus sont-ils identifiés ?			
Les risques santé/sécurité associés sont-ils décrits et hiérarchisés ?			
Les contraintes réglementaires en terme de sécurité et environnement sont-elles identifiées ?			
Existe-il une veille réglementaire QSE ?			
Des procédures, instructions de travail QSE sont-elles disponibles ? Sont-elles appliquées ? Les documents sont-ils approuvés ? Sont-ils à jour ?			
Les documents d'origine extérieurs sont-ils maîtrisés ?			
Idem pour la réglementation ?			
L'absence de documents est-elle justifiée ?			
Les équipements de travail sont-ils appropriés ?			
Les équipements sont-ils conformes aux directives sécurité ?			
Sont-ils entretenus ?			
Le stockage des produits est-il satisfaisant ? En terme de risque environnementaux ? En terme de risque santé/sécurité du personnel ?			
Existe-t-il une liste des produits dangereux utilisés pour ce processus ?			
Existe-t-il les inspections techniques réglementaires ?			

Questions	Oui	Non	Commentaires (preuves)
Si cela est approprié, le produit est-il identifié ? Cela tout au long de sa réalisation ?			
Les – bâtiments – espaces de travail – installations – équipements – environnement de travail – services supports sont-ils adaptés ?			
Les aires sont-elles rangées, dégagées ?			
Les conditions d'éclairage, de chauffage ou d'air conditionné sont-elles adaptées aux conditions locales ?			
Les machines sont-elles pourvues de dispositifs de protection permettant d'éliminer les risques évidents pour le personnel ?			
Les sorties de secours sont-elles : – indiquées ? – accessibles ?			
Les équipements de protection individuels du personnel sont-ils adaptés aux risques et respectés ?			
2 – Concernant le personnel **Management des ressources**			
La politique QSE est-elle connue ?			
Les objectifs QSE liés au processus sont-ils connus ?			
Les responsabilités et autorités des intervenants en matière de QSE sont-elles : – définies ? – communiquées ?			

Questions	Oui	Non	Commentaires (preuves)
Le personnel est-il informé de l'identité de leur(s) représentant(s) et de celle du membre de la direction chargés des questions de santé et de sécurité du travail ?			
Les compétences QSE sont-elles identifiées ?			
Les personnes aux postes de travail ont-elles les compétences requises ?			
Le personnel est-il formé à la manipulation de produits ou machines dangereuses ?			
S'assure-t-on que les membres du personnel ont conscience : – de l'importance de leurs activités – sur l'environnement : – sur la santé et la sécurité au travail – sur la conformité du produit et la satisfaction du client – de la manière dont ils contribuent à la réalisation des objectifs QSE ? – de leurs rôles et responsabilités dans le cadre des situations d'urgence ? – des conséquences potentielles des écarts par rapport aux procédures définies ?			
Les employés sont-ils impliqués dans la démarche QSE ? Sont-ils consultés en cas de changement pouvant affecter la santé et sécurité sur le lieu de travail ? Informés de l'identité de leur représentant en terme de sécurité ?			
Des enregistrements sont-ils conservés ? Des procédures formation existent-elles ? Sont-elles appliquées ?			

Questions	Oui	Non	Commentaires (preuves)
La communication est-elle assurée : – en interne ? – avec les autres acteurs de l'entreprise ? Notamment sur les résultats QSE du processus ?			
3 – Concernant la mesure			
Les processus sont-ils surveillés en terme de QSE ? (par des actions de contrôles, autocontrôles) Les moyens et fréquences sont-ils : – définis ? – respectés ? Existe-t-il des enregistrements de ces surveillances ?			
Les accidents du travail sont-ils enregistrés ?			
Idem pour les presque accidents ?			
Les caractéristiques du produit sont-elles définies ?			
La preuve de la conformité est-elle enregistrée ?			
Les enregistrements indiquent-ils la personne ayant autorisé la libération du produit ?			
Des enregistrements sont-ils conservés conformément aux dispositions préétablies ?			
Le produit NC est-il : – identifié ? – maîtrisé ?			
Existe-t-il une procédure décrivant les responsabilités et autorités associées au traitement du produit NC en matière de QSE ? Cette procédure est-elle appliquée ?			

Questions	Oui	Non	Commentaires (preuves)
Existe-t-il des enregistrements de la nature des NC et les actions entreprises ?			
Y compris les dérogations ?			
Les produits corrigés sont-ils à nouveau contrôlés ?			
Si un produit est détecté NC après livraison, mène-t-on des actions appropriées aux effets réels ou potentiels ?			
Les équipements ou méthodes de mesure et de surveillance sont-ils adaptés ?			
Les appareils sont étalonnés/vérifiés à intervalles réguliers ?			
Les appareils sont-ils identifiés pour pouvoir déterminer la validité de l'étalonnage ?			
Les appareils sont-ils protégés des dommages et déréglages ?			
La capacité des logiciels utilisés pour la surveillance et la mesure est-elle confirmée avant utilisation ? Et confirmée si nécessaire ?			
3 – Surveillance environnementale			
Les opérations ayant un impact environnemental sont-elles surveillées ?			
Cette surveillance est-elle décrite dans une procédure ? Cette surveillance est-elle enregistrée ? La conformité à la réglementation est-elle évaluée ?			

Questions	Oui	Non	Commentaires (preuves)
4 – Surveillance sécurité/santé			
Les opérations ayant un risque sur le personnel sont-elles surveillées ?			
Cette surveillance est-elle décrite dans une procédure ? Cette surveillance est-elle enregistrée ? La conformité à la réglementation est-elle évaluée ?			
5 – Situations d'urgence			
Les situations d'urgence liées aux processus sont-elles identifiées ?			
Des actions sont-elles prévues, le cas échéant ?			
Réalise-t-on des simulations ? en tire-t-on des actions d'amélioration ?			
6 – Concernant l'analyse et l'amélioration			
Des objectifs de progrès QSE sont-ils définis ?			
Les indicateurs associés sont-ils suivis ?			
Ces objectifs sont-ils cohérents avec la politique QSE définie par la direction ?			
Le pilotage du processus est-il affecté à une personne ?			
Les données résultant des mesures et surveillance sont-elles analysées ? A-t-on défini la fréquence de cette analyse ?			
Cette analyse inclut-elle l'examen des NC constatées ?			

Questions	Oui	Non	Commentaires (preuves)
L'entreprise prend-elle en compte les CR du CHSCT, les données du document unique pour améliorer l'efficacité de son QSE ?			
Cette analyse déclenche-t-elle : – des actions correctives ? – des actions préventives			
Ces actions sont-elles réalisées conformément aux procédures : – AC ? – AP ?			
Les causes des NC réelles ou potentielles sont-elles recherchées ? définit-on la cause racine ?			
Le besoin de déclencher des AC ou AP est-il analysé ?			
La mesure d'efficacité des actions correctives et ou préventives est-elle réalisée ?			
Les résultats sont-ils enregistrés ?			
Les enregistrements sont-ils conservés conformément aux dispositions préétablies ?			
Les résultats des audits précédents ont-ils déclenché des actions d'amélioration ?			

Source : Cegos

5. POUR QUE VIVE LE SYSTÈME INTÉGRÉ

Le système intégré est un formidable support pour la direction ; rassurant (on manage les risques), performant (on accroît les performances de chaque processus en matière de QSE), cohérent et optimisé.

Mais comment garantir son efficacité maximale ?

Manager autrement

Manager efficacement un système QSE ne s'improvise pas. Une fois les dimensions environnement et sécurité opérationnelles, l'optimisation de ce système intégré passe par des audits, pour en valider l'efficacité « technique ».

Il est possible aussi de réaliser une auto-évaluation des pratiques en terme de management : management des hommes mais aussi management plus global du système.

Quelles questions clés se poser pour s'assurer que son système QSE tire profit de l'ensemble de ses opportunités ?

➤ **Les clients, le personnel, l'environnement font-ils réellement partie des préoccupations quotidiennes de chacun (manager et personnel) ?**

Parler des clients, de l'environnement, de la sécurité c'est bien mais cela ne sert à rien si au final cette philosophie se traduit par un engagement affiché dans le couloir. Le QSE se pense au futur mais se traduit au quotidien par des indicateurs, des consignes, des réflexes partagés par le personnel et des managers exemplaires. Que ce soit pour discuter d'un investissement ou fixer un objectif, le QSE est un des critères d'analyse.

➤ **La politique QSE est-elle considérée à part entière comme un levier de réussite de l'entreprise, ancrée dans la vision de la direction ?**

La performance d'un système intégré est basée sur l'intégration de la politique QSE dans la stratégie de l'entreprise, elle-même issue d'une réflexion sur la mission, la vision et les valeurs de l'entreprise. La direction relayée par les managers déploie-t-elle cette politique et instaure-t-elle un véritable pilotage proactif ?

➤ **Cette politique QSE tient-elle compte des attentes des parties intéressées, de la veille réglementaire, de l'analyse du contexte concurrentiel ?**

La prise en compte des attentes de toutes les parties intéressées est un élément de base pour élaborer la politique QSE de l'entreprise. Il est donc indispensable d'une part d'identifier les parties intéressées à satisfaire, celles qui sont ou peuvent être affectées par les activités de l'entreprise et d'autre part d'écouter leurs besoins et attentes. Cette prise en compte se fait dans le cadre de la réglementation en vigueur. L'écoute des parties intéressées se traduit à la fois par le recueil de leurs attentes et la mesure de leur perception. Elle induit des échanges permanents et la mise en place de circuits de communication.

➤ **Les objectifs d'améliorations définis sont-ils cohérents entre eux, cohérents avec la politique et définis après un benchmarking interne et/ou externe pour garantir une perte de progrès suffisante et justifiable ?**

Cette logique est une des clés de réussite des systèmes de management. Si le projet est ambitieux, si le système QSE est perçu comme un des éléments différenciant, un atout à la compétitivité de l'entreprise, le responsable QSE devra aider la direction à fixer des objectifs cohérents en ne se focalisant pas sur les données internes mais en apportant des éléments d'étude de marché, de concurrence, de veille technique…

➤ **Y a-t-il cohérence entre la politique et les décisions journalières des managers ?**

On va retrouver aussi la notion de cohérence entre le discours et les actions et la notion d'exemplarité des managers. La politique induit la fixation objective souvent annuelle, l'entreprise vit chaque jour dans l'urgence et est soumise à des contraintes variées. Mais les convictions les valeurs doivent être immuables. C'est au quotidien que se traduit la réelle conviction des managers.

➤ La valeur ajoutée de chaque processus et de chaque activité de processus a-t-elle été étudiée ?

On raisonnera en terme de contribution de chaque processus à la réalisation des objectifs des missions de l'entreprise et leur impact sur le déploiement de la stratégie. Puis dans un deuxième temps, chaque processus est mis à plat pour travailler sur chacune de ses activités ; quelle est sa valeur ajoutée vis-à-vis de la finalité du processus ?

➤ L'efficience des processus est elle mesurée ?

L'efficacité c'est l'atteinte des objectifs. L'efficience c'est l'optimisation des ressources associées. L'entreprise recherche des processus efficients. L'analyse des coûts de non-qualité, le respect des budgets, l'analyse de chaque activité et l'étude de leur ratio utilité/coûts permettent d'améliorer l'efficience des processus.

➤ Les pilotes de processus sont-ils garants des performances QSE et financières de leur processus ?

C'est la garantie d'un pilotage équilibré et justifié. Nous l'avons vu plus haut on ne peut dissocier ces deux notions.

➤ Le système d'évaluation individuelle et collective intègre-t-il la contribution aux résultats QSE ?

En fin d'année, si l'évaluation de chaque collaborateur n'intègre pas sa contribution aux objectifs QSE, il y a peu de chance que celle-ci traduise une réelle conviction de la direction et des managers.

Pour un management QSE efficace

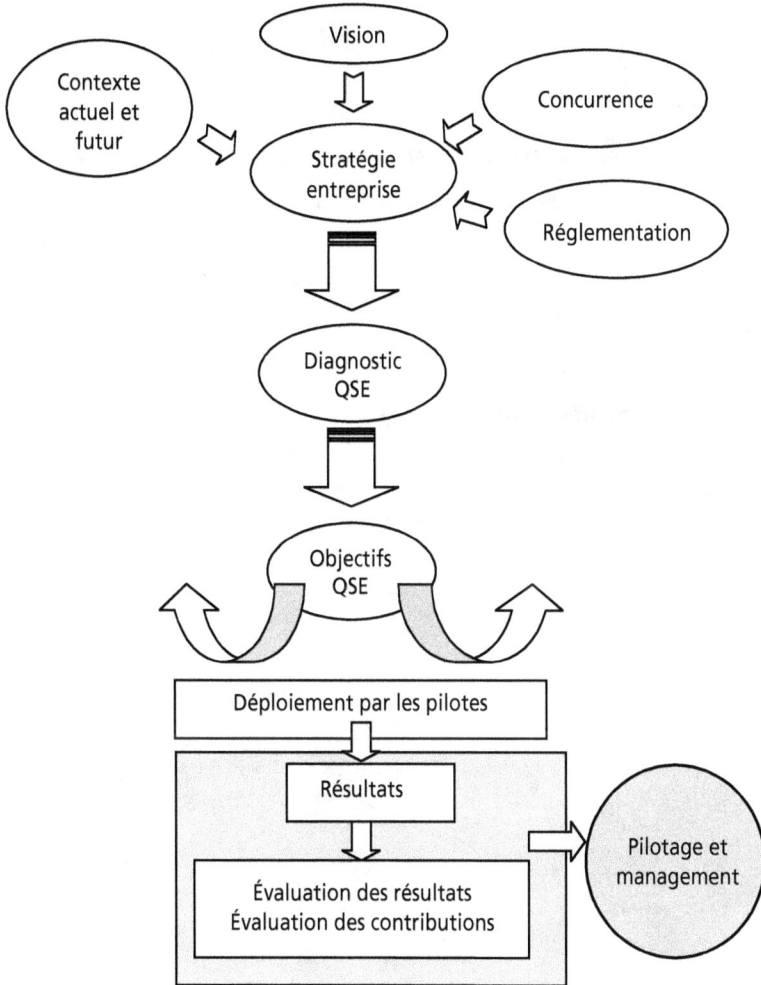

Quel que soit le système de management déployé, le management se fait par les managers ! Le management QSE est avant tout un acte de management !

Le système QSE repose donc sur des managers exemplaires, convaincus de la valeur ajoutée du système. Ils adhèrent aux valeurs clés du QSE, recherchent en permanence l'équilibre idéal pour leur processus :

➤ des performances QSE en progression constante,

➤ une conformité a la réglementation anticipée et non subie,

➤ une efficience démontrée : pas d'activités sans valeur ajoutée, pas de pertes de temps, des contrôles optimisés, de la prévention justifiée,

➤ des valeurs affichées et respectées en toutes circonstances,

➤ une participation de chacun incontournable et valorisée,

➤ un management qui donne envie d'être dans l'action et de progresser,

➤ de la rigueur mais pas de rigidité.

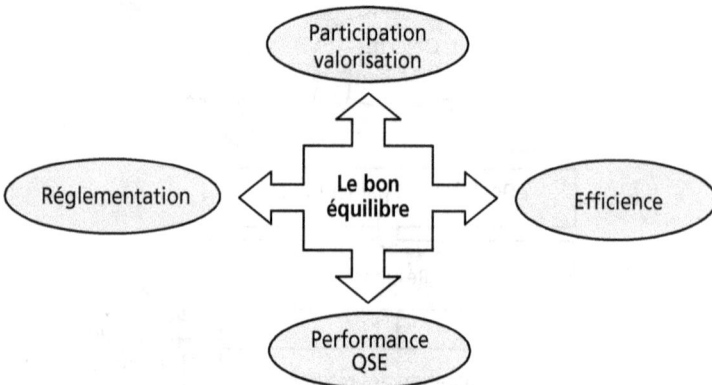

Comparatif des référentiels ISO 9001 et ISO 14001

ISO 9001 : 2000			ISO 14001
Introduction			Introduction
Domaine d'application	1	1	Domaine d'application
Références normatives	2	2	Références normatives
Termes et définitions	3	3	Termes et définitions
Système de management de la qualité	4	4	Exigences du système de management environnemental
Exigences générales (approche processus)	4.1		
Exigences relatives à la documentation Généralités	4.2 4.2.1	4.4.4	Documentation du système de management environnemental
Manuel qualité	4.2.2		
Maîtrise des documents	4.2.3	4.4.5	Maîtrise de la documentation
Maîtrise des enregistrements	4.2.4	4.5.3	Maîtrise des enregistrements
Responsabilité de la direction	5	4.4.1	Structure et responsabilité
Engagement de la direction	5.1	4.2	Politique environnementale

Écoute client	5.2	4.3.1	Aspects environnementaux
		4.3.2	Exigences légales et autres exigences
Politique qualité	5.3	4.2	Politique environnementale
Planification	5.4	4.3	Planification
Objectifs Qualité	5.4.1	4.3.3	Objectifs, cibles et programme(s)
Planification du système de management de la qualité	5.4.2	4.3.4	Objectifs, cibles et programme(s)
Responsabilité et autorité et communication	5.5 5.5.1	4.4.1	Ressources, rôles, responsabilité et autorité
Représentant de la direction	5.5.2	4.4.1	Ressources, rôles, responsabilité et autorité
Communication interne	5.5.3	4.4.3	Communication
Revue de direction	5.6	4.6	Revue de direction
Management des ressources	6		
Mise à disposition des ressources	6.1	4.4.1	Ressources, rôles, responsabilité et autorité
Ressources humaines Généralités	6.2 6.2.1	4.4.2	Compétence, fonction et sensibilisation
Compétence, sensibilisation et formation	6.2.2	4.4.2	Compétence, fonction et sensibilisation
Infrastructures	6.3	4.4.1	Ressources, rôles, responsabilité et autorité

Environnement de travail	6.4		
Réalisation du produit	7	4.4	Mise en œuvre et fonctionnement
Planification de la réalisation du produit	7.1	4.4.6	Maîtrise opérationnelle
Processus relatifs aux clients	7.2		
Communication avec les clients	7.2.3	4.3.1	Aspects environnementaux
		4.3.2	Exigences légales et autres exigences
		4.4.6	Maîtrise opérationnelle
		4.4.3	Communication
Conception et développement	7.3		Maîtrise opérationnelle
Achats	7.4	4.4.6	Maîtrise opérationnelle
Production et préparation du service	7.5	4.4.6	Maîtrise opérationnelle
Maîtrise des dispositifs de surveillance et de mesure	7.6	4.5.1	Surveillance et mesurage
Mesures, analyse et amélioration	8	4.5	Contrôle
Généralités	8.1	4.5.1	Surveillance et mesurage
Surveillance et mesure	8.2		
Satisfaction du client	8.2.1		
Audit interne	8.2.2	4.5.5	Audit interne
Surveillance et mesure des processus	8.2.3	4.5.1	Surveillance et mesurage
		4.5.2	Évaluation de la conformité
Surveillance et mesure du produit	8.2.4	4.5.1	Surveillance et mesurage
		4.5.2	Évaluation de la conformité

Maîtrise du produit non conforme	8.3	4.4.7	Préparation et réponse aux situations d'urgences
		4.5.3	Non-conformité, action corrective et action préventive
Analyse des données	8.4	4.5.1	Surveillance et mesurage
Amélioration	8.5		
Amélioration continue	8.5.1	4.2	Politique environnementale
Action corrective	8.5.2	4.5.3	Non-conformité, action corrective et action préventive
Action préventive	8.5.3	4.5.3	Non-conformité, action corrective et action préventive

Comparatif des référentiels ISO 14001 et OHSAS 18001

Article/§	OHSAS 18001	Article/§	ISO 14001 : 2004
1	Domaine d'application	1	Domaine d'application
2	Publications de référence	2	Références normatives
3	Termes et définitions	3	Termes et définitions
4	Éléments du système de management de la santé et de la sécurité du travail	4	Exigences du système de management environnemental
4.1	Exigences générales	4.1	Exigences générales
4.2	Politique de santé et de sécurité du travail	4.2	Politique environnementale
4.3	Planification	4.3	Planification
4.3.1	Planification de l'identification des dangers, de l'évaluation du risque et de la maîtrise du risque	4.3.1	Aspects environnementaux
4.3.2	Exigences légales et autres exigences	4.3.2	Exigences légales et autres exigences

4.3.3	Objectifs	4.3.3	Objectifs, cibles et programme(s)
4.3.4	Programme(s) de management de la santé et de la sécurité au travail	4.3.3	Objectifs, cibles et programme(s)
4.4	Mise en œuvre et fonctionnement	4.4	Mise en œuvre et fonctionnement
4.4.1	Structure et responsabilité	4.4.1	Ressources, rôles et responsabilité
4.4.2	Formation, sensibilisation et compétence	4.4.2	Compétence, formation et sensibilisation
4.4.3	Consultation et communication	4.4.3	Communication
4.4.4	Documentation	4.4.4	Documentation
4.4.5	Maîtrise des documents et des données	4.4.5	Maîtrise de la documentation
4.4.6	Maîtrise opérationnelle	4.4.6	Maîtrise opérationnelle
4.4.7	Prévention des situations d'urgence et capacité à réagir	4.4.7	Prévention et réponses aux urgences
4.5	Contrôle et action corrective	4.5	Contrôle
4.5.1	Mesure et surveillance des performances	4.5.1 / 4.5.2	Surveillance et mesurage / Évaluation de la conformité
4.5.2	Accidents, incidents, non-conformités, actions correctives et actions préventives	4.5.3	Non-conformité, action corrective et action préventive
4.5.3	Enregistrements et gestion des enregistrements	4.5.4	Maîtrise des enregistrements
4.5.4	Audit	4.5.5	Audit interne

4.6	Revue de direction	4.6	Revue de direction
Annexe A	Correspondance avec l'ISO 14001 et l'ISO 9001	Annexe B	Correspondance avec l'ISO 9001
-	Bibliographie	Annexe C	Bibliographie
-	(voir OHSAS 18002)	Annexe A	Lignes directrices pour l'utilisation

Correspondance entre les spécifications OHSAS 18001, l'ISO 14001 : 2004 et l'ISO 9001 : 2000

Article/Paragraphe	OHSAS 18001	Article/Paragraphe	ISO 14001 : 2004	Article/Paragraphe	ISO 9001 : 2000
1	Domaine d'application	1	Domaine d'application	1	Domaine d'application
2	Publications de référence	2	Références normatives	2	Références normatives
3	Termes et définitions	3	Termes et définitions	3	Définitions
4	Éléments du système de management de la santé et de la sécurité au travail	4	Exigences du système de management environnemental	4	Exigences relatives au système de management de la qualité
4.1	**Exigences générales**	**4.1**	**Exigences générales**	**4.1**	**Exigences générales (approche processus)**

4.2	Politique de santé et de sécurité au travail	4.2	Politique environ-nementale	5.3	Politique qualité
4.3	Planification	4.3	Planification	5.4	Planification
4.3.1	Planification de l'identification des dangers, de l'éva-luation du risque et de la maîtrise du risque	4.3.1	Aspects environ-nementaux	5.2	Écoute client
4.3.2	Exigences légales et autres exigences	4.3.2	Exigences légales et autres exigences	7.2.2	Revue des exigences
4.3.3	Objectifs	4.3.3	Objectifs, cibles et programme	5.41	Objectifs qualité
4.3.4	Programme(s) de management de la santé et de la sécu-rité au travail	4.3.3	Objectifs, cibles et programme	5.42	Planification du SMQ
4.4	Mise en œuvre et fonctionnement	4.4	Mise en œuvre et fonctionnement	4.1	Exigences générales
				4.7	Réalisation du produit
4.4.1	Structure et res-ponsabilité	4.4.1	Ressources, rôles et responsabilité	5.1	Engagement de la direction
				5.2	Représentant de la direction
				5.5	Responsabilité, autorité et communication

Article/ Paragraphe	OHSAS 18001	Article/ Paragraphe	ISO 14001	Article/ Paragraphe	ISO 9001
4.4.2	Formation, sensibilisation et compétence	4.4.2	Formation, sensibilisation et compétence	6.2	Ressources humaines
				6.2.2	Compétence, sensibilisation et fonction
4.4.3	Consultation et communication	4.4.3	Communication	5.5.3	Communication interne
				7.2.3	Communication avec le client
4.4.4	Documentation	4.4.4	Documentation	4.2	Exigences relatives à la documentation
4.4.5	Maîtrise des documents et des données	4.4.5	Maîtrise de la documentation	4.2.3	Maîtrise des documents et des données
4.4.6	Maîtrise opérationnelle	4.4.6	Maîtrise opérationnelle	7.1	Planification
				7.2	Processus relatifs aux clients
				7.3	Conception et développement
				7.4	Achats
				7.5	Production et préparation du service
				7.6	Maîtrise des dispositifs de surveillance et des mesures

Article/Paragraphe	OHSASA 18001	Article/Paragraphe	ISO 14001 : 2004	Article/Paragraphe	ISO 9001 : 1994
4.4.7	Prévention des situations d'urgence et capacité à réagir	4.4.7	Prévention et réponse aux situations d'urgence	8.3	Maîtrise du produit NC (après livraison)
4.5	**Contrôle et action corrective**	**4.5**	**Contrôle**	**8.5.2**	**Action corrective**
				8.5.3	Action préventive
4.5.1	Mesure et surveillance des performances	4.5.1	Surveillance et mesurage	8.2.3	Surveillance, mesure des processus
		4.5.2	Évaluation de la conformité	8.2.4	Surveillance processus du produit
				8.2.1	Satisfaction du client
				8.4	Analyse de données
				7.6	Nature des dispositifs de surveillance
4.5.2	Accidents, incidents, non-conformités, actions correctives et actions préventives	4.5.3	Non-conformité, action corrective et action préventive	8.3	Maîtrise du produit non conforme
				8.5.3	Actions correctives et actions préventives
4.5.3	Enregistrements et gestion des enregistrements	4.5.4	Maîtrise des enregistrements	4.2.4	Maîtrise des enregistrements relatifs à la qualité

4.5.4	Audit	4.5.5	Audit interne	8.2.2	Audits qualité internes
4.6	**Revue de direction**	**4.6**	**Revue de direction**	**5.6**	**Revue de direction**

ANNEXE 4

Des chiffres
sur la pollution mondiale

Tableau pages suivantes (Source OCDE : *www.oecd.org*).

I.A: DONNÉES SUR L'ENVIRONNEMENT (1)

		CAN	MEX	USA	JPN	KOR	AUS	NZL	AUT	BEL	CZE	DNK
SOLS												
Superficie totale (1000 km^2)		9971	1958	9629	378	99	7713	270	84	31	79	43
Principales zones protégées (% de la superficie totale)	2	8.7	9.2	25.1	17.0	7.1	18.5	32.4	28.0	3.4	15.8	11.1
Utilisation d'engrais azotés (t/km^2 de terre arable)		4.0	4.3	6.1	9.6	19.2	1.9	57.2	8.0	17.8	8.7	8.8
Utilisation de pesticides (t/km^2 de terre arable)		0.10	0.14	0.18	1.36	1.47	0.07	0.63	0.21	1.11	0.14	0.13
FORÊTS												
Superficie des forêts (% des terres)		45.3	33.9	32.6	68.9	63.8	21.4	34.7	41.6	22.4	34.1	12.7
Utilisation des ressources forestières (récoltes/croissance)		0.4	0.2	0.6	0.4	0.1	0.6	..	0.7	0.9	0.7	0.7
Importations de bois tropicaux (USD/hab.)	3	1.6	0.2	2.2	10.7	6.1	4.0	3.4	0.4	24.2	0.3	3.8
ESPECES MENACÉES												
Mammifères (% des espèces connues)		33.7	33.2	15.9	24.0	17.0	27.0	15.2	22.0	26.5	18.9	22.0
Oiseaux (% des espèces connues)		13.6	16.9	8.4	12.9	14.1	13.0	25.3	26.0	12.8	49.5	14.5
Poissons (% des espèces connues)		7.6	23.7	4.4	25.3	1.3	0.8	0.8	41.7	51.2	40.0	15.8
EAU												
Prélèvements d'eau (% du volume brut annuel disponible)		1.5	15.5	19.2	20.3	35.6	6.2	..	4.2	45.1	11.9	4.4
Traitement public des eaux usées (% de population desservie)		72	25	71	64	70	..	80	86	38	70	89
Prises de poissons (% des prises mondiales)		1.1	1.5	5.4	5.1	2.2	0.2	0.6	-	-	-	1.6
AIR												
Émissions d'oxydes de soufre (kg/hab.)		76.2	12.2	49.4	6.7	20.4	142.6	17.2	4.4	14.8	23.3	4.5
(kg/1000 USD PIB)	4	2.6	1.5	1.4	0.3	1.3	5.4	0.8	0.2	0.6	1.6	0.2
variation en % (1990-début des années 2000)		-27	..	-31	-14	-41	71	10	-55	-57	-87	-86
Émissions d'oxydes d'azote (kg/hab.)		78.3	12.0	63.9	15.8	24.4	86.0	51.8	24.5	28.2	31.2	35.5
(kg/1000 USD PIB)	4	2.6	1.4	1.8	0.6	1.6	3.2	2.4	0.9	1.1	2.2	1.2
variation en % (1990-début des années 2000)		-6	18	-19	-2	23	20	48	-3	-20	-42	-31
Émissions de dioxyde de carbone (t./hab.)	5	16.2	3.8	19.8	9.2	9.9	17.0	8.4	8.3	11.1	11.8	9.5
(t./1000 USD PIB)	4	0.54	0.43	0.57	0.36	0.54	0.64	0.40	0.30	0.42	0.82	0.33
variation en % (1990-2001)		20	28	18	12	99	28	42	16	7	-20	3
PRODUCTION DE DÉCHETS												
Déchets industriels (kg/1000 USD PIB)	4, 6	..	50	..	40	50	..	10	70	50	50	20
Déchets municipaux (kg/hab.)	7	350	320	730	410	380	690	400	510	480	280	660
Déchets nucléaires (t./Mtep de ATEP)	8	4.9	0.1	0.9	1.8	2.8	-	-	-	1.9	0.9	-

.. non disponible. - nul ou négligeable. x données incluses dans la Belgique.

1) Les données se rapportent à la dernière année disponible. Elles comprennent des chiffres provisoires et des estimations du Secrétariat. Les totaux partiels sont soulignés. Les variations de définition peuvent limiter la comparabilité entre les pays.

2) Catégories I à VI de l'UICN et zones protégées sans catégorie UICN assignée; les classifications nationales peuvent être différentes.

3) Importations totales de liège et de bois en provenance des pays tropicaux non-OCDE.

4) PIB aux prix et parités de pouvoir d'achat de 2000.

Source: Compendium de données OCDE sur l'environnement.

© Groupe Eyrolles

FIN	FRA	DEU	GRC	HUN	ISL	IRL	ITA	LUX	NLD	NOR	POL	PRT	SLO	ESP	SWE	CHE	TUR	UKD*	OCDE*
338	549	357	132	93	103	70	301	3	42	324	313	92	49	506	450	41	779	245	35042
9.1	13.3	31.5	5.2	8.9	9.5	1.2	19.0	17.1	18.9	6.4	29.0	8.5	25.2	9.5	9.5	28.7	4.3	30.1	16.4
6.3	12.3	14.9	6.6	7.6	7.9	33.4	8.1	x	27.3	11.4	5.8	4.1	5.6	6.0	7.0	12.1	4.6	20.0	6.3
0.06	0.44	0.25	0.31	0.17	-	0.20	0.79	0.67	0.77	0.09	0.07	0.63	0.25	0.23	0.06	0.35	0.09	0.58	0.21
75.5	31.6	30.2	22.8	19.5	1.3	9.4	23.3	34.5	9.5	39.2	30.0	36.9	41.6	33.3	73.5	30.8	27.0	11.6	34.4
0.7	0.6	0.5	0.6	0.5	-	0.7	0.5	0.5	0.6	0.5	0.6	0.8	0.5	0.5	0.7	0.8	0.5	0.6	0.6
1.4	6.8	1.8	2.8	0.1	2.8	11.2	7.1	-	15.6	3.6	0.3	17.6	0.1	6.2	2.2	0.6	0.5	2.7	4.0
11.9	19.0	41.8	36.4	71.1	-	6.5	40.7	51.6	15.6	3.4	15.7	17.7	22.2	26.3	22.4	33.8	22.2	21.9	..
13.3	19.2	29.2	13.0	18.8	42.7	21.8	18.4	50.0	26.2	7.7	14.5	13.7	14.4	25.5	19.1	42.6	6.7	14.2	..
11.8	7.6	31.3	24.3	32.1	-	33.3	29.0	27.9	31.1	-	14.5	22.9	24.1	52.9	16.4	44.7	9.9	11.1	..
2.1	17.5	20.2	12.1	4.7	0.1	..	32.1	3.7	9.9	0.7	18.6	15.1	1.4	34.7	1.5	4.8	17.0	20.8	11.5
81	79	93	56	32	33	73	63	95	98	73	55	42	53	55	86	96	17	95	64
0.2	0.7	0.2	0.1	-	2.1	0.4	0.3	-	0.6	2.9	0.2	0.2	-	1.2	0.3	-	0.6	0.8	28.6
16.4	9.0	7.4	47.7	35.3	35.0	24.6	11.4	6.8	5.3	4.9	37.7	28.4	19.0	38.0	6.5	2.6	31.3	16.6	28.4
0.6	0.3	0.3	2.7	2.8	1.3	0.8	0.5	0.1	0.2	0.1	3.6	1.6	1.6	1.8	0.2	0.1	4.7	0.7	1.2
-64	-60	-89	4	-64	22	-48	-63	-80	-58	-58	-55	-9	-81	-29	-45	-58	33	-73	-40
40.5	22.7	17.2	29.8	17.7	90.5	31.1	21.8	38.3	26.7	46.9	20.6	27.8	19.0	35.3	27.1	12.4	14.1	26.3	34.3
1.6	0.9	0.7	1.7	1.4	3.2	1.0	0.9	0.8	1.0	1.3	2.0	1.6	1.6	1.7	1.0	0.4	2.1	1.0	1.4
-32	-29	-48	11	-24	-2	5	-34	-27	-28	-5	-38	13	-53	14	-25	-46	48	-43	-17
12.6	6.2	10.3	8.2	5.5	7.7	10.9	7.4	20.9	11.0	7.8	7.6	6.1	7.2	7.5	5.8	5.9	2.8	8.8	11.0
0.48	0.23	0.41	0.46	0.43	0.28	0.35	0.30	0.43	0.41	0.21	0.72	0.35	0.62	0.36	0.21	0.20	0.43	0.34	0.45
22	1	-12	27	-17	11	32	8	-11	13	25	-17	58	-30	43	6	-	40	-7	13
130	70	20	40	20	1	60	30	120	40	20	150	70	40	30	90	10	30	30	60
480	540	590	440	460	730	700	510	650	620	620	270	440	320	650	470	660	370	580	550
1.9	4.3	1.2	-	1.8	-	-	-	-	0.2	-	-	-	3.2	1.1	4.5	2.4	-	5.1	1.6

UKD: pesticides et esp. protégées: Grande Bretagne; prélèv. d'eau et trait. public des eaux usées: Angleterre et Pays de Galles.

5) CO_2 dû à l'utilisation d'énergie uniquement; les soutages marins et aéronautiques internationaux sont exclus.

6) Déchets en provenance des industries manufacturières.

7) CAN, NZL: déchets des ménages uniquement.

8) Combustibles irradiés produits dans les centrales nucléaires, en tonnes de métal lourd, par millions de tonnes équivalent pétrole d'approvisionnement total en énergie primaire.

ANNEXE 5

Chiffres sur
les maladies professionnelles
et les accidents du travail

	Nombre de maladies professionnelles				
	1999	2000	2001	2002	2003
Métallurgie	2 861	3 401	3 811	4 669	4 791
Bâtiment et TP	2 189	2 728	2 959	3 435	3 315
Transports, EGE, Livre, communication	551	734	802	1 067	1 198
Services, commerces, industries de l'alimentation	2 934	3 451	3 829	5 050	5 398
Chimie, caoutchouc, plasturgie	655	836	886	1 188	1 262
Bois ameublement, papier-carton, textiles, vêtement, cuirs et peaux, pierres et terres à feu	1 667	1 961	2 101	2 624	2 527
Commerces non alimentaires	444	603	737	993	1 100
Activités services I (banques, assurances, administrations...)	374	495	538	734	808
Activités services II et travail temporaire (santé...)	1 398	1 733	2 038	2 561	2 726
Compte spécial	4 416	6 450	6 519	9 140	11 517
Total général	**17 489**	**22 392**	**24 220**	**31 461**	**34 642**

Source :
Statistiques annuelles –
CNAMTS/DRP

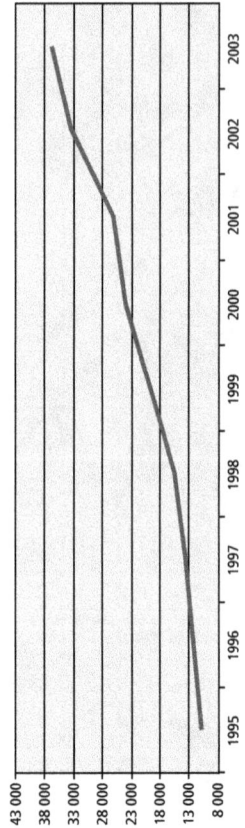

Évolution du nombre des maladies professionnelles avec arrêt

	Nombre d'accidents du travail avec arrêt								
	1995	1996	1997	1998	1999	2000	2001	2002	2003
Métallurgie	101 339	99 387	96 074	98 268	99 771	102 460	102 299	103 461	92 609
Bâtiment et TP	133 632	124 893	119 013	120 244	121 019	125 980	124 305	125 786	119 681
Transports, EGE, Livre, communication	75 324	77 609	79 184	83 028	87 035	90 716	91 861	96 972	94 310
Services, commerces, industries de l'alimentation	113 263	113 777	115 767	120 481	122 078	125 691	124 290	130 723	127 054
Chimie, caoutchouc, plasturgie	18 748	17 982	17 463	18 429	18 866	20 048	20 778	20 922	18 714
Bois ameublement, papier-carton, textiles, vêtement, cuirs et peaux, pierres et terres à feu	46 852	44 515	43 436	44 185	44 361	45 271	44 560	44 495	39 447
Commerces non alimentaires	50 882	51 367	51 457	52 274	54 192	56 257	56 102	60 971	58 727
Activités services I (banques, assurances, adm....)	34 603	34 708	34 543	36 781	39 180	40 217	39 076	43 143	41 328
Activités services II et travail temporaire (santé...)	97 591	93 845	101 614	116 169	124 533	136 795	134 228	133 507	129 357
Total général	**672 234**	**658 083**	**658 551**	**689 859**	**711 035**	**743 435**	**737 499**	**759 980**	**721 227**

Évolution de l'indice de fréquence des accidents du travail avec arrêt

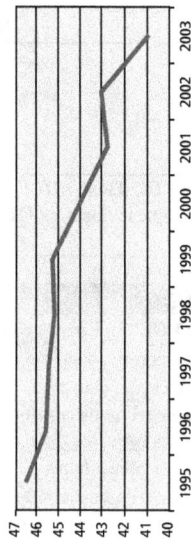

Indice de fréquence : $\dfrac{\text{Nombre d'accidents avec arrêt}}{\text{Nombre de salariés}} \times 1\,000$

Évolution des accidents du travail avec arrêt

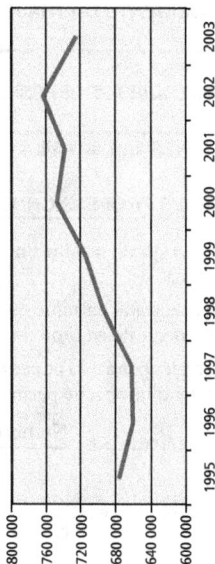

Source : Statistiques annuelles – CNAMTS/DRP

Tableau récapitulatif des statistiques technologiques nationales accidents et maladies

	Nombre de salariés	Accidents avec arrêt (1)
ACCIDENTS DU TRAVAIL : Comité technique national : (CTN)		
Métallurgie	1 992 139	84 284
Bâtiment et TP (8)	1 328 025	118 913
Transports, EGE (9), Livre, communication	2 030 904	92 521
Services, commerces, industries de l'alimentation	2 236 371	121 266
Chimie, caoutchouc, plasturgie	500 562	16 942
Bois,ameublement, papier-carton, textiles, vêtement, cuirs et peaux, pierres et terres à feu	639 969	35 549
Commerces non alimentaires	2 272 035	57 056
Activités services 1 (banques, assurances,administrations...) (10)	3 571 286	38 963
Activité services 11 et travail temporaire (santé...)	2 933 277	126 151
TOTAL 9 COMITES TECHNIQUES NATIONAUX :	17 504 568	691 645
bureaux et autres catégories particulières (11)	341 313	7 886
TOTAL ACCIDENTS DU TRAVAIL :	17 845 881	699 531
TOTAL ACCIDENTS DU TRAJET :		78 258
TOTAL MALADIES PROFESSIONNELLES (12) :		36 848
TOTAL GENERAL TRAVAIL + TRAJET + MALADIES PROFESSIONNELLES :		814 637

(1) Accidents ayant entraîné un arrêt de travail d'au moins 24 heures (= Incapacité Temporaire : I.Y.)

(2) Accidents ayant entraîné une incapacité permanente (I.P.) et par suite l'attribution d'une indemnité en capital (I.P. < 10 %) ou d'une rente (I.P. ≥ 10 %)

(3) Décès réglés pendant l'année et intervenus avant consolidation, c'est-à-dire avant fixation d'un taux d'incapacité permanente et liquidation d'une rente

(4) Indice de fréquence : $\dfrac{\text{Nombre d'accidents avec arrêt}}{\text{Nombre de salariés}} \times 1\,000$

(5) Taux de fréquence : $\dfrac{\text{Nombre d'accidents avec arrêt}}{\text{Nombre d'heures travaillées}} \times 1\,000\,000$

des accidents du travail du trajet et des maladies professionnelles, réglées en 2004

Total accidents ayant entraîné une I.P. (2)	Décès (3)	Journées perdues par I.T. (1)	Somme des taux d'I.P. (2)	Indice de fréquence (4)	Taux de fréquence (5)	Taux de gravité des I.T. (6)	Indice de gravité des I.P. (7)	Taux moyen d'une I.P. (en %) (2)
6 876	80	3 646 082	65 137	42,3	25,9	1,12	20,0	9,5
10 394	172	6 769 756	119 987	89,5	55,1	3,14	55,6	11,5
6 930	122	5 164 116	74 411	45,6	31,2	1,74	25,1	10,7
6 813	48	5 548 003	59 645	54,2	34,9	1,60	17,2	8,8
1 461	15	799 251	14 038	33,8	21,2	1,00	17,6	9,6
2 997	34	1 723 955	30 597	55,5	34,6	1,68	29,8	10,2
4 471	56	2 933 142	44 301	25,1	16,3	0,84	12,6	9,9
3 204	38	1 759 755	30 026	10,9	7,7	0,35	5,9	9,4
8 587	61	6 733 236	77 956	43,0	29,8	1,59	18,4	9,1
51 733	626	35 077 296	516 098	39,5	26,1	1,32	19,5	10,0
947	4	627 972	9 339	23,1				
52 680	630	35 705 268	525 437	39,2				10,0
10 085	485	5 255 924	148 780					14,8
19 140	581	6 815 473	319 527					16,7
81 905	1 696	47 776 665	993 744					12,1

(6) Taux de gravité : $\dfrac{\text{Nombre de journées perdues par I.T.}}{\text{Nombre d'heures travaillées}} \times 1\,000$

(7) Indice de gravité : $\dfrac{\text{Total des taux d'I.P.}}{\text{Nombre d'heures travaillées}} \times 1\,000\,000$

(8) Hors sièges sociaux et bureaux

(9) Non compris les agents statuaires des entreprises électriques et gazières

(10) Non compris élèves et étudiants de l'enseignement technique

(11) Dont sièges sociaux et bureaux, gens de maison, V.R.P.

(12) Pour les maladies professionnelles la colonne « accidents avec arrêts » correspond au nombre de maladies réglées ayant entraîné soit un arrêt soit l'attribution d'une rente

Les sites internet à consulter

Site des accidents du travail et des maladies professionnelles

www.risquesprofessionnels.ameli.fr

Portail de l'annuaire écologique de la nature, de l'environnement et du développement durable

www.portail-environnement.com

Ministère de l'écologie et du développement durable

www.ecologie.gouv.fr

Environnement-online (actualités, revues, guides et annuaires)

www.environnement-online.com

Pro-environnement (actualités, revues)

www.pro-environnement.com

AFSSE (Agence française de sécurité sanitaire environnementale)

www.afsse.fr

ANACT (Agence nationale pour l'amélioration des conditions de travail)

www.anact.fr

CERP (Enseignement de la prévention des risques professionnels)

www.cerp.prd.fr

CNPP (Centre nationale de prévention et de protection incendie)

www.cnpp.com

Légifrance (accès à l'ensemble des textes en vigueur et aux publications officielles)

www.legifrance.gouv.fr

Journal officiel

www.journal-officiel.gouv.fr

Droit.org (accès à des textes, lois et décrets)

www.droit.org

Santé et sécurité au travail (site du ministère des Affaires sociales, du Travail et de la Solidarité)

www.santé-sécurité.travail.gouv.fr

Ministère de l'Emploi, de la Cohésion sociale et du Logement

www.travail.gouv.fr

Ministère de la Santé et des solidarités

www.sante.gouv.fr

INERIS (Institut national de l'environnement industriel et des risques)

www.ineris.fr

INPES (Institut national de prévention et d'éducation pour la santé

www.inpes.sante.fr

INRETS (Institut national de recherche sur les transports et leur sécurité)

www.inrets.fr

INSERM (Institut national de la santé et de la recherche médicale)

www.inserm.fr

OPPBTP (Organisme professionnel de prévention du bâtiment et des travaux publics)

www.oppbtp.fr

Observatoire européen des condition de travail

www.fr.eurofound.ie

Organisation internationale du travail (et BIT)

www.ilo.org